HAY
MUCHA
FLACA
FEA

BYANKAH SOBÁ

PSICO-DINÁMICA LLC.
San Juan, Puerto Rico

Hay Mucha Flaca Fea

Por Byankah Sobá

Derechos Reservados

©2018 Psico-Dinámica LLC.

Edición de textos

Nedda S. Perales

Diseño y diagramación

**Publicidad
TorresMediavilla.com**

ISBN: 978-1-5323-6627-7

Impreso en Colombia por: www.nomos.co

AGRADECIMIENTOS

Mi más sincero agradecimiento a todos los que han hecho este libro posible. A mi esposo por querer evitar las excusas para procrastinar el avance del libro. Me apoyaste al máximo y te convertiste en mi escucha, crítico, consultor, prestamista y socio. Hasta me regalaste una nueva computadora portátil para que terminara de redactar. A Edgard Aldea, un artista del maquillaje maravilloso, y mi amigo. Gracias por encargarte de mi imagen para la sesión fotográfica. A mi hermano del alma, Javier Gómez, quien ha compartido todos su contactos y me ha ayudado con el corazón. A Héctor Marcano, quien por pura amistad y su característica generosidad, me abrió las puertas en Estados Unidos. Al Lcdo. Roberto Sueiro, por brindarme su ayuda desinteresada. A mi querido amigo/confidente/abogado/y querendón, Frankie Cirilo Cruz Tejeda, a quien tengo que agradecer que este libro llegue a muchas personas. A otro gran amigo y excelente profesional, el laureado caricaturista e ilustrador Gary Javier, por representar con su arte tantas historias y momentos incómodos. Mi queridísido fotógrafo y amigo de tantos años Rafi Claudio, quien me otorgó el permiso para utilizar una de sus icónicas obras fotográficas.

Para el equipo de trabajo que conformó la producción: los fotógrafos Dino Velvet y Gerardo Bello; los artistas gráficos Irene Mediavilla y Kirvin Torres; y la editora y correctora de estilo, Nedda S. Perales.

Y para quienes son mi inspiración: todo el que confió en mí para que su historia fuera contada, así como también los que han llorado, se han sentido menos y que culpan al sobrepeso de todos sus males.

A LAS PERSONAS IMPORTANTES DE MI VIDA...

Mis abuelos, papi y mami: Gerardo y Tomasa.
Él maravilloso, mi única figura paterna;
ella la más buena, bella y tierna;
mi tía Alma, consentidora y amorosa;
a mi madre, momsy querida, Myrtha...
la que se entrega con amor incondicional,
mi mejor amiga, mi todo; y al hombre
que tiene mi alma, Eduardo.

B.

CONTENIDO

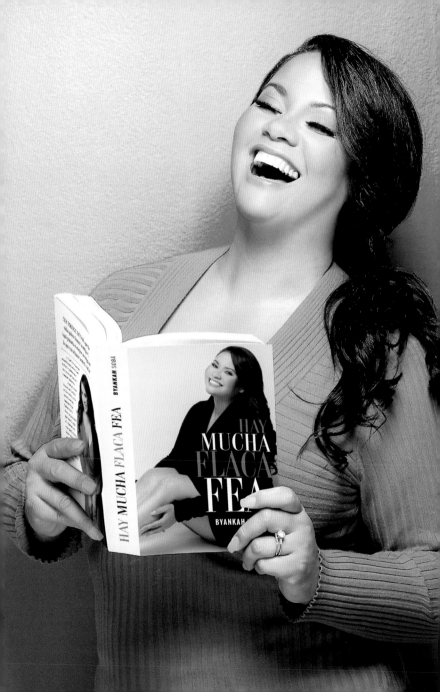

INTRODUCCIÓN

> Si quieres llevar el mensaje de aceptación y amor propio, tienes que hacer que la gente lea el libro, no que lo deje de leer porque se sienta atacada", me dijo mi esposo tras escuchar un fragmento entre estas páginas. Le pregunté: "¿cómo abordar entonces un tema, el cual la mayoría de las personas siente como ataque, sin serlo en realidad?".

Recordé un cuestionamiento trascendental de mis años de introspección: ¿Te preguntas qué la vida quiere hacer contigo?, ¿qué pasaría si mejor averiguas lo que vas a hacer con tu vida? Voy a contar mi verdad para ayudar a que otros no caigan en las garras de sistemas inescrupulosos que crearon industrias para sacarnos dinero a costa de nuestra autoestima y sentimientos.

HAY MUCHA FLACA FEA es para los que se creen el cuento de los mercaderes del sufrimiento, quienes vociferan que el peso se fue para siempre y que después de gordo serás un galán, todo si utilizas sus productos y sistemas, los cuales presuntamente no han sido beneficiosos para todos.

HAY MUCHA FLACA FEA es para las madres de niños en sobrepeso, quienes se atreven a decir que los pequeños tienen defectos físicos; para los que apoyan que las aerolíneas cobren a los gordos el doble del costo por asiento.

Te invito a quedar como página en blanco, sin prejuicios, como si acabaras de nacer y desconoces –realmente no te importa– y menos te afecta el concepto de gordura.

1

HAY MUCHA FLACA FEA no es un libro para todo el mundo pero, no es exclusivo para gorditas o gorditos. No se trata de una excusa para el sobrepeso, no es para lavar el cerebro de aquellos que se resisten al cambio en sus vidas, tampoco se trata del manual para devolver los insultos a quienes te hacen sentir miserable. No es una ofensa a las flacas, ya que uno no se debe convertir en lo que critica.

Entonces, ¿de qué se trata el libro? HAY MUCHA FLACA FEA es la verdad tras la mítica encrucijada del muy de moda "estilo de vida saludable", del fashion industry y el

"Con estas páginas quiero quitar el velo cegador que te impide mirarte tal cual eres".

concepto de la belleza actual. Este libro, si lo usas para tu beneficio, puede tratarse de una herramienta para reparar tu maltrecha autoestima. HAY MUCHA FLACA FEA es mi verdad. Con estas páginas quiero quitar el velo cegador que te impide mirarte tal cual eres. Pero, vamos a atravesar este proceso juntos, si es que quieres enfrentarte a ti mismo, encarar tus miedos, criticarte sanamente, pararte frente a un espejo con los ojos bien abiertos y quererte más que a nadie en esta vida. Solo de esta manera justificarás tu existencia y proyectarás tu esencia, enamorando a todos los que te rodeen, y más importante aún: a ti.

"Te preguntas
¿Qué la vida
quiere hacer
contigo?
¿Qué pasaría
si mejor averiguas
lo que vas a hacer
con tu vida?".

BYANKAH SOBÁ

" ¡Pero no te pareces... tú no eres tan gorrrda na' nena!"; "¡Qué mucho rebajaste, te ves hasta linda!"; "A ti la televisión no te favorece"; y mi favorito (el que escucho todos los días): "Te ves mejor en persona que en televisión".

Esos son algunos de los comentarios que tengo que aguantar todos los días, desde que permitimos que el sistema nos imponga las características valorativas de la belleza, la salud y –peor aún– de la felicidad. Aunque el brusco acercamiento destaca la poca sensibilidad o falta de educación (que nada tiene que ver con la escolarización) que se pueda tener –sin pasar por alto las buenas intenciones y el cariño que muchas personas me regalan– verdaderamente deja ver el ofuscamiento colectivo sobre el peso. Así que, tras escuchar tales aberraciones, respiro profundo, a veces sonrío falsamente y explico que del otro lado de las cámaras televisivas podemos lucir hasta 15 libras más de peso. Que la televisión sí me ayuda porque es mi trabajo, con lo que gano mi sustento, y lo que me hace conectar con todos ellos. ¡Ah!, pero cuando no estoy de humor –porque una tiene sus días– regularmente respondo: "¡HAY MUCHA FLACA FEA!".

S í, sí, sí, sí. ¡HAY MUCHA FLACA FEA! física y emocionalmente. Así que la pregunta es: ¿por qué y para qué queremos TODAS ser flacas? Y, ¿por qué consideramos que el peor insulto es que nos digan gorda o gordo? Vengo de un hogar en donde me enseñaron que los insultos se refieren a los aspectos más negativos y bajunos del ser humano. Que lo peor que podían decir de una es ladrona, vaga, irrespetuosa, malcriada, bruta, asesina y todos los epítetos similares. En ningún momento gorda era parte del repertorio del que tenía que preocuparme.

¿QUÉ SIGNIFICA SER
GORDO?

¿Cuántas veces has tenido la dicha de que te digan que eres corpulenta, robusta, fornida o que estás sobrepeso? Y conste que escribí dicha, ya que así es que podrían llamarte quienes te respetan o al menos tienen un grado de sensibilidad y educación al referirse a tu físico. No obstante, algunos de estos términos aluden a cosas distintas. Los mencionados adjetivos, con la excepción de sobrepeso, significan personas altas y fuertes; vigorosas y firmes de salud; y recia o de mucho hueso, respectivamente.

Históricamente la palabra gordo encierra una connotación muy positiva. Por ello, en el proceso del enamoramiento algunos llaman gordo a sus parejas como un nombre cariñoso; el premio gordo es la mayor retribución de la lotería; baile gordo, cuando se trata de una gran fiesta; y tiene procedencia bíblica la frase "las vacas gordas", la cual reconoce las mejores épocas económicas. Sin olvidar que el primer adjetivo que el diccionario de la Real Academia Española utiliza para definir la palabra gordo es "carnes gordas". La imagen mental que me crea la frase me hace la boca agua.

Al momento de la redacción de este párrafo –9 de octubre de 2009– existen 11,300,000 resultados en Google para la palabra gorda, mientras que solo unos 2,490 para flaca. Es que desde tiempos inmemorables, el estar gordo era un símbolo de estatus y poder social, no de debilidad o fealdad como en tiempos modernos. En muchas ocasiones se refería, exclusivamente, al poder adquisitivo de los portadores de grandes barrigas que tenían los recursos para sustentar su voraz apetito con festines cuasi prohibitivos para la mayoría de las poblaciones, en que la pobreza se retrataba en los esqueléticos y demacrados rostros de los plebeyos, que por vivir en la miseria no tenían para comer, ni mucho menos para engordar.

Cabe recalcar que la palabra flaco guarda relación con carencia, mezquindad y debilidad, tanto de fuerza como de espíritu. Las brujas de los cuentos de hadas o de terror son flacas, hasta los zombis y muchos de los monstruos más espeluznantes, todo muy diferente a la hermosura de las curvas, el volumen y la prosperidad que se da por sentado cuando se habla de algo gordo. Al mencionar que algo se robustece, se deduce desarrollo, fortaleza, etc. Mientras, si se escucha el término flaquear, se sobrentiende debilidad, ruina, caída...

En el arte pictórico, solo hay que observar los retratos de los reyes del medioevo o los barrocos. Casi todos son panzones. ¿Y qué me dicen de las mujeres de otras épocas? Las modelos de Goya, ¿muestran sus clavículas? ¿Acaso las de Picasso, Rembrandt o Rubens? Nada más lejos de la verdad, ya que son notablemente curvilíneas, me atrevería a decir que bastante. Botero es muy generoso al mostrar a sus musas, y con razón.

La belleza no está en los huesos, que siempre se asocian con la muerte. Asimismo, los querubines (propios

del arte religioso y varios otros movimientos artísticos) son *petite* en estatura, pero no en peso.

También hay que analizar que al visualizar a un exitoso chef, no lo suponemos flaco. Y los luchadores de sumo son más capaces y potentes en sus enfrentamientos cuando están más grandes en tamaño corporal. Ah... ¿y quién se resiste a los bebés rollizos y cachetones? Los salseros de la mata insisten en que la gloria de ese género musical tropical es la denominada salsa gorda de los años 70. Y ni hablar de que uno de los personajes infantiles de dibujos animados favorito desde 1964 era un cerdito, de nombre Porky, quien tenía su propio *show*.

No es casualidad que la primera connotación negativa de la palabra gordo se desarrolló al recaer en los sinónimos de la avaricia y ambición desmedida. Por ejemplo: en varios países hispanohablantes es uso y costumbre llamar gordo o pancista a sindicalistas o a quienes tienen intereses específicos de poder sociopolítico. Igualmente se le llama así a los grandes empresarios que oprimen a sus empleados o a las comunidades que suponen servir.

Eso sí, mucho ha cambiado desde el hit musical –a tempo de merengue– que declaraba "la pipa es lo de menos si el gordo baila bueno", pues el sistema se encargó de corromper la tierra y sus frutos, además de los hábitos alimenticios de naciones enteras, por lo que AHORA ser gordo es el reflejo de una sociedad enferma, en todos los sentidos.

Fueron las corporaciones, el gobierno, por el beneficio de dichas corporaciones y las familias que no tienen el dinero para luchar contra las imposiciones del gobierno ni esas mismas corporaciones, quienes corrompieron la salud de varias generaciones consecutivamente. Los habitantes del "nuevo mundo" jamás imaginaron las consecuencias nefastas de los "modernos" negocios de comida rápida (*fast foods*), como los establecidos por los hermanos Maurice y Richard J. McDonald en el 1940. Mucho menos el agravante de la invención del servi-carro, sin atreverme a entrar en el tema de los combos, sus tamaños agrandados, ni el Big Gulp, ya que dicho complejo tema lo puedes leer en otros libros o verlo plasmado en documentales basados en ello (ej. *Fast Food Nation, Food, Inc.* y *What The Health*, entre otros títulos). Lo que pretendo establecer en tu sistema de creencias, en tu disco duro moldeado por la propaganda, es que nos cobija una gran realidad que nada tiene que ver con las realidades individuales. Todo es un vil negocio. Todo se trata de dinero. ¡TODO! Te engordan porque así ganan dinero, te enferman porque ganan dinero en el intento de curarte, y ahora te quieren hacer rebajar para seguir escuchando el sonido de las cajas registradoras: ¡cashín!

Comoquiera, aunque muchos sepan todo esto, no son pocos los que entienden necesario dejarme saber su sentir: tengo que rebajar. ¿Por qué el afán?

¿DESDE CUÁNDO SOY GORDA?

Existen muchísimas razones para el sobrepeso, que van desde la genética al sedentarismo, las afecciones, los efectos secundarios de ciertos medicamentos, etc. Cada persona tiene su historia o excusa. ¿La mía? ¿Que desde cuándo soy gorda? Pues desde que la gente se creyó las habladurías de que yo era gorda. Ya saben... cuando se es figura pública se habla "públicamente" (valga la redundancia) cualquier estupidez sobre uno y sobre mí –pese a todas las cosas positivas y negativas que podrían decir– se enfocaban en mi "supuesta gordura" (utilizo la palabra "supuesta" ya que cuando el público me ve en persona, alega que soy muy diferente a lo que ven en TV. Su percepción cambia y entonces me llaman flaca –que tampoco lo soy). La repetición cumplió su cometido, pues en un ya desaparecido programa de televisión me atacaban diariamente por mi sobrepeso. Querían minar, no mi credibilidad, no mi profesionalismo, no mi imagen pública, sino mi autoestima. Querían destruirme desde adentro. Pretendían que me sintiera menos, pero no lo lograron ni lo lograrán jamás. El peso no me define. Soy una mujer completa.

Dijeron tanto que yo estaba taaan gorda que la gente no me reconocía al verme en persona, a menos que hablara, y mi tono de voz me identificaba; no mi rostro ni mi cuerpo. En ese programa dijeron que mi guardarropa era la envidia de cualquier vampiro, ya que todas las piezas eran negras para disimular los "chichos". Grabaron semanas de mis intervenciones en el segmento de farándula del desaparecido programa televisivo *El Show de las 12*, de Telemundo, para demostrar que únicamente vestía de negro con ese supuesto propósito e hicieron fotomontajes con mi rostro sobre la figura del personaje de la firma de neumáticos Michelin –*aka* Bidendum. Pero eso no es todo, ya que siempre alguno aumentó su gordofobia con racismo y hasta se me comparó con el dulce personaje Aunt Jemima, la hermosa negra que identifica un dulce jarabe. Un *hater*, en mis redes sociales, me denominó la Oprah boricua: "...pero en todos los sentidos". Así escribió para más adelante mencionar improperios relacionados con el sobrepeso y el tono de piel. En esos tiempos también se popularizó la burla a otra veterana reportera de espectáculos, a quien denominaron "la ballena negra". Hasta el día de hoy muchos le llaman así.

> "UN *HATER*, en mis redes sociales, me denominó la Oprah boricua: "...pero en todos los sentidos".

Pero, ¿saben qué? No hay nada de malo con parecerse a todos esos personajes (en especial a Oprah, de las personas más influyentes en el mundo, y a quien tanto admiro). Lo negativo es la connotación, la intención de quien emite el mensaje. Pudieron haberme dicho "linda" y si la intención y el tono tras la palabra era decirme "fea", la energía negativa siempre va a estar presente.

11

La ironía es que quienes realizaron los comentarios no son ni flacos, ni bellos, (bajo sus propios estándares "sociales"), ni blancos – porque todos los puertorriqueños somos latinos, una hermosa y rica mezcla de razas que incluye la fortaleza de los provenientes de África. No estamos catalogados blancos o negros, pese a nuestro tono de piel (pero tampoco voy a entrar en los profundos y complejos temas sobre la raza y quienes la reniegan).

Lo que agrava la situación es que hombres, mujeres, jóvenes, sin importar su edad, religión, afiliación política o preferencia sexual, son víctimas de la gordofobia. Es un mal que aqueja a todos, cobrando un sinnúmero de víctimas fatales reales.

Estamos en un punto tan crítico que he meditado seriamente en si se debe levantar una discusión para añadir el peso corporal como una causa de discrimen sancionada por ley. Todos somos iguales ante la ley y ante Dios.

Aunque los hombres también sufren, no es un secreto que las mujeres somos las mayores víctimas de la gordofobia y de todo el andamiaje social y la industria económica creada sobre el sobrepeso. Lo peor es que de víctimas pasamos a victimarias. Tal como el ciclo del maltrato, la persona que lo sufre –si no recibe tratamiento para recuperarse del trauma- se convierte en quien emite el maltrato como agresor y victimario. Nosotras las mujeres podemos ser expertas en el tema. Apunto a aquellas criticonas, admiradoras con rabia, que le hacen a otras lo que menos les gusta que les hagan a ellas. Quienes sufren y se sienten mal por su vida y se esmeran por hacer que otros experimenten su dolor. Aquellas que no pueden ver gordas felices porque ellas son infelices, o las que fueron gordas y no quieren ver a nadie que les recuerde cómo se veían antes de rebajar.

NO SIEMPRE FUI GORDA

Compartiré ciertos detalles personales sobre mi desarrollo físico. Fui una bebé rolliza, de niña fui flaquita y una adolescente sobrepeso por cuatro razones con las que muchos se podrán identificar:

A. Fui muy delgada en la niñez, por lo que para aumentar mi apetito me suministraban vitaminas y suplementos, ya que estaba muy delgadita y solamente quería comer arroz blanco.

B. Me crié con mis abuelos, para quienes darme más comida equivalía a ayudarme a estar saludable. Además, eran dueños de un supermercado, por lo que en mi casa siempre había una nevera repleta de dulces tentaciones.

C. Imitaba a mi querida tía, quien por una afección mental (aunque controlada), llenaba sus vacíos con los placeres gastronómicos.

D. También fui tratada con cortisona para controlar el asma, y uno de los efectos secundarios es el sobrepeso.

Llegué a la pubertad y boté lo que llaman el *baby fat*, además de que me ejercitaba diariamente, tanto que el municipio de Vieques (de donde soy natural), me otorgó una medalla por la utilización regular en el gimnasio municipal y mi participación en cada una de las actividades allí efectuadas. Según las miradas de los ligones, tenía un cuerpazo en talla 3 (US) y copa C de busto. Nunca fui esquelética, pero pesaba 130 libras en una estatura de 5 pies y 8 pulgadas, con una estructura ósea grande. Ese fue mi peso hasta que comencé a trabajar en los medios de comunicación.

Además de estudiante universitaria, trabajaba a tiempo completo en la legislatura como oficial de prensa. Durante los fines de semana me desempeñé como locutora radial en las emisoras Sistema 102 FM y Radio Puerto Rico 740 AM. Igualmente, fui redactora y reportera de las revistas *TeVe Guía, Guía Práctica de Mamá, Guía Práctica para tu Boda* y, posteriormente, de la revista *Vea*. Cuando añadí a mi agenda el segmento de farándula en el *Show del Mediodía*, en WAPA-TV, ya había ganado unas libras por el estrés y la falta de una alimentación adecuada (ya que comía a deshoras y me desviaba al primer servi-carro que apareciera en mi camino a la cama –pues por el cansancio me dormía después del atracón). Subí a talla 4 (US), pero el tiempo fue pasando y fui engordando. Sí, engordé. Lo acepto. No estoy en negación. Ya los vestidos talla 3 estaban en las bolsas que llevaba al Salvation Army en Navidad, como parte de la limpieza anual del clóset. Mis pantalones tenían dos dígitos en ese pedacito de tela que utilizan los manufactureros para identificar el tamaño de la ropa, y el sistema para clasificarnos como menos atractivas, poco deseables y jamás exitosas.

E l propósito de mi vida, en ese entonces, lo encontré en el trabajo. En el desarrollo de mi carrera como periodista, mientras laboraba como reportera de espectáculos en varios medios de comunicación. No hacía otra cosa más que trabajar, y para ser sincera, no me veía a mí misma como gorda (en el sentido negativo que ya abarqué), no en esa época. Fuera de falsas modestias, estaba orgullosa por abrirme camino sola, con mi desempeño laboral. Sin palas, amigotes u otras tácticas. Me encantaba la idea de que nadie pudiese atribuir el ascenso profesional a mi cuerpo.

Así que, fuera de lo que leyera en la báscula, no me sentía mal por estar "llenita", pero la gente me demostraba lástima porque algún mequetrefe me llamaba gorrrda con la intención de insultarme... ¡PERO ES QUE GORDA NO ES UN INSULTO! Quizás lo sea para la mente sucia de quien quiera insultarnos y no encuentra nada malo en nosotros. ¿Será que esa gente se proyecta en el prójimo? ¿Será que hablan de ellos mismos? ¿Será que critican lo que antes les han criticado? Yo no quiero pensar que se convirtieron en lo mismo que siempre han criticado.

Ok, no voy a negar que algo me molestaba. No era mi ropa ni los chichos o lo doble D de mi busto (aunque debo aclarar que el busto no me creció por la grasa acumulada en mi cuerpo, sino que en mi familia las mujeres son de gran "pechonalidad").

Se trataba de la cara de pena que la gente ponía, pensando que eran solidarios porque algún ignorante me quisiera insultar diciéndome gorda. Reflexioné hasta el cansancio sobre nuestra sociedad, la violencia, el *bullying* (acoso en las escuelas) y esa actitud de sentirte mejor porque los demás están peor que tú. Así fue que nació la frase que titula este libro. Quería tener una respuesta que dejara pensando a los faltos de sensibilidad o los que me miraban con cierta tristeza. No se trataba de una frase pegajosa como "Te Lo Vendo Al Costo", la cual popularicé cuando trabajaba en el programa *No Te Duermas*, de Telemundo, sino una para despertar a la realidad: ¡hay mucha flaca fea! .

"Pero, ¿qué hacer luego? No pretendo insultar a las flacas y mucho menos a las flacas feas. No me convertiré en lo mismo que critico".

Además, todo es cuestión de gustos, y los gustos son relativos. Así que decidí publicar mis experiencias y llevar a las masas la filosofía de vida que me enseñó mi familia: "Eres tan importante como son todos los demás. Ni más, ni menos".

Aquí la confesión: aun cuando era feliz, me sentía bien y era exitosa en mi área de trabajo, llegué a un punto que logró detenerme en el camino a la obesidad. Un buen día, me llené de valor y subí a una balanza (realmente nunca he considerado saludable pesarse a menudo). Al leerla, me daba una noticia que parecía una gran oferta salida del *shopper* de especiales dominicales. ¡Toda una ganga! Por tan solo 2 libras iba a ostentar una fabulosa carrocería de 200'tas. Pesaba 198 libras de cadera, sí de cadera. ¡QUÉ FUERTE! Eso sí me dolió.

Ese momento histórico fue durante mi final en *El Show de las 12*, de Telemundo; el inicio de mi participación en el *late night show*, *Anda Pa'l Cará*, de Univisión; y posteriormente, *Al Descubierto*, mi propio programa en horario estelar.

Estaba grande y no me daba cuenta, de verdad que no. Es que aún me seguía viendo como antes de ganar peso. A pesar de que la ropa y el espejo me decían lo contrario, mi mente no les prestaba atención. Nunca fue algo importante, hasta que vi las casi 200 libras.

Ya les hablé de mi tía, la hermana mayor de mi mamá. Es como otra madre para mí. Era bellísima. Le llamaban el bombón de chocolate. De verdad que era hermosa, y su hermosura permaneció intacta aun cuando llegó a pesar cerca de 400 libras, como efecto secundario de los medicamentos que tomaba para su enfermedad. La misma afección que no fue impedimento para alcanzar logros académicos en sus grados de maestría en Magisterio, ni para ella verse como toda una diosa de la abundancia. Siempre arreglada, perfectamente combinada, con una colección de joyas envidiada por muchas y tan amorosa, que ante los ojos de todos era mucho más linda aún. Ella, en tantos aspectos, fue mi ejemplo a seguir por su fuerza de voluntad y amor por todos. Verla siempre tan bella me enseñó, desde muy pequeña, la importancia del amor propio, y que precisamente de eso se trata la seguridad en sí mismo.

Entonces, ¿que por qué me dolió pesar casi dos centenares de libras, si me sentía tan segura? Es que una cosa es permitir que los demás, la presión social y el sistema te hipnoticen para manipularte, y otra muy diferente es ver la raíz del asunto. Como dijo el exsecretario del Departamento de Justicia de mi país, Roberto Sánchez Ramos: "una cosa es una cosa y otra cosa es otra cosa".

SÍ, ESTOY GORDA
¡Y QUÉ!

¿QUE SI ME PUSE A DIETA? NO. Al menos no en lo que piensas es una dieta. Según la Real Academia Española, dieta significa: régimen que se manda a observar a los enfermos; convalecientes en el comer y beber o privación completa de comer; la retribución o indemnización fijada para los representantes en cortes o cámaras legislativas. Para mi sorpresa la definición no leía: dícese de aquellos malabares cuasi circenses, a los que algunos se someten para destruir su metabolismo y arruinar sus órganos vitales poniendo en riesgo sus vidas en honor a su vagancia y falta de voluntad; método utilizado por algunos inescrupulosos para ganar dinero fácil mediante la venta de porquerías que además de chavarte te harán aumentar el triple; o en lo que repercuten algunos trastornos alimenticios que se traducen en problemas emocionales y/o mentales.

Entonces, ¿qué fue lo que hice? Cambié mis hábitos. Dejé los *fast foods restaurants*, comencé a desayunar, eliminé totalmente los refrescos y bebo la mayor cantidad de agua posible, sin importar cuántas veces tenga que detener mi trabajo para ir al baño. Únicamente con esos pequeños cambios rebajé 21 libras. *YEAH!!!* Veintiuna libras con solo esas pocas modificaciones.

Imagínate si me diera la gana de dejar los *brownie sundaes*, las barras de chocolate y todo lo relacionado a ciertas barquillas preparadas al momento, que entremezclan poéticamente las sublimes texturas del crocante de la galleta con la sedosa suavidad del mantecado que va derritiéndose por el calor que emerge de la primera dentro de la boca. ¡Pero no! No he querido aún y no urge porque me siento segura y feliz en mi propio cuerpo.

Quizás por ello aún me sorprende que me feliciten por cómo me veo. Me celebran que he bajado libras porque y que me veo mejor. De ninguna manera voy a negar que me veo mejor pero, ¿verdaderamente es algo para celebrar? Ojalá el júbilo sea por la determinación, fuerza de voluntad y disciplina de cumplir la meta trazada, y no por el mero hecho de llenar las expectativas superficiales de quienes no tienen nada mejor que hacer con sus vidas.

Es que como diría mi mamá: "estoy gordita y sanita". ¿Que si me gustaría ponerme el único vestido *size* 3 que conservo en mi clóset? Pues sí, me encantaría, pero porque era mi favorito.

Lamentablemente, las empresas de la moda (asociadas con el sistema) te obligan a rebajar porque fabrican la ropa más bonita en tamaños minúsculos para gastar menos. Lo que te aseguro es que cuando me decida a dejar mis dulces tentaciones, lo haré porque quiero, porque lo decidí, porque me dio la gana y no porque a algún cabrón le moleste mi gordura.

"Nosotros vemos las cosas, no como son, sino como somos". Permítete releer esta cita del escritor y periodista inglés H. M. Tomlinson, la cual encierra la visión que todos tenemos de ciertos aspectos o preceptos aprendidos. Esta frase se refiere a que al momento de criticar a los demás, esbozamos nuestras convicciones parcializadas. Así que si alguien te trata mal por estar "gorda", es porque esa persona se siente mal de sí misma y su nivel de prioridades es muy bajo. Y si eres tú quien se siente mal por estar gorda o gordo, antes de ponerte a dieta hay que buscar la razón por la cual existe la necesidad de aprobación y valoración de los demás para tu existencia.

"*Eres tan importante como lo son todos. ¡Ni más, ni menos!*".

BYANKAH SOBÁ

Con Draco (que antes se hacía llamar Robi Draco Rosa)

Como oficial de prensa en la legislatura puertorriqueña, junto al exgobernador de Puerto Rico, Luis A. Ferré, y el expresidente del Senado, Antonio Fas Alzamora

Entrevistando al astro boricua Ricky Martin

En WAPA-TV tuve la primera oportunidad como presentadora de noticias de espectáculo y entretenimiento. Aquí, junto al conductor del espacio, Jesse Calderón, y el reconocido salsero, Ismael Miranda.

Las entrevistas al astrólogo de Las Américas, Walter Mercado, siempre fueron mis favoritas. En su casa grabamos un especial para Telemundo.

A mis 17 años, los organizadores de las tradicionales fiestas patrias de mi pueblo natal, Vieques, le solicitaron a mi madre que me dejara ser la reina ese año. Yo decliné el ofrecimiento y le solicité a la alcaldesa Manuela Santiago Collazo que me permitiera ser la maestra de ceremonias. Así fue que a tan corta edad, tuve la oportunidad de presentar artistas de la talla de Ednita Nazario.

En la cobertura de una actividad especial con la participación del entonces pelotero de Grandes Ligas, Juan Igor González

En la presentación del tercer libro del periodista Jorge Ramos

Tras la entrevista al cantante, modelo, actor y productor mexicano, Eduardo Verástegui

Invitada a Guatemala por Ricardo Arjona, para el lanzamiento de *Adentro*, su décimo álbum de estudio. Aquí en entrevista para mi programa en Univisión, *Al Descubierto*.

En mi primera asignación especial para la revista *TeVe Guía* tuve que entrevistar al entonces pelotero de las Grandes Ligas, Sammy Sosa, el día de la celebración de los Reyes Magos en Puerto Rico. El toletero dominicano únicamente me podía atender ese 6 de enero.

La actriz y animadora Alexandra Malagón se convirtió en una amiga inseparable desde que le realicé una entrevista para la revista *Vea*. Tuve el honor de ser parte del séquito en su matrimonio con el cantante Gilberto Santa Rosa.

Con las actrices Cordelia González y Sully Díaz, y la diseñadora de modas, Rebeca Tiago, en el programa de Alexandra Malagón, *Área Restringida*

Grabando junto a Roselyn Sánchez en las calles de Rodeo Drive, en Los Ángeles, como parte del programa *Al Descubierto*

Tras la última presentación de la afamada banda de *rock* Poison, pude entrevistar a su vocalista Bret Michaels

Entregando un reconocimiento a la periodista Keylla Hernández por su labor benéfica

Junto a la trovadora puertorriqueña Victoria Sanabria, con quien me confunden a diario

Lista para entrevistar a los actores venezolanos Juan Alfonso Baptista y Ana Karina Casanova, quienes estaban en promoción de la telenovela *Hechizo de Amor* (1999)

Viajé a Venezuela a entrevistar a la actriz Daniela Alvarado, protagonista, de la telenovela *Juana la Virgen*.

Entrevistando a la cantante Olga Tañón en California, para mi programa *Al Descubierto*

En la filmación de un video musical del cantautor puertorriqueño, radicado en Argentina, Wilkins

¿Qué piensas de ti mismo?

BYANKAH SOBÁ

HECHOS SOBRE
LA OBESIDAD

La Organización Mundial de la Salud publicó en mayo del 2017 una lista de 10 factores sobre la obesidad, con los cuales pretenden instar a gobiernos, asociaciones internacionales, la sociedad civil y organizaciones no gubernamentales a prevenir la obesidad. Parte de dicho dictado lo cito a continuación:

• Dato 1: El sobrepeso y la obesidad se definen como una acumulación anormal o excesiva de grasa que puede ser perjudicial para la salud.

El índice de masa corporal (IMC) –peso en kilogramos dividido por el cuadrado de la talla en metros (kg/m^2)– es un índice utilizado frecuentemente para clasificar el sobrepeso y la obesidad en adultos. La OMS define el sobrepeso como un IMC igual o superior a 25, y la obesidad como un IMC igual o superior a 30.

• Dato 2: En el 2014, más de 1,900 millones de adultos tenían sobrepeso y más de 500 millones eran obesos.

Cada año mueren, como mínimo, 2.8 millones de personas a causa de la obesidad o el sobrepeso. La prevalencia de la obesidad se ha duplicado con creces entre 1980 y 2014. Aunque anteriormente se consideraba un problema limitado a los países de altos ingresos, en la actualidad la obesidad también es prevalente en los países de ingresos bajos y medianos.

• Dato 3: En el 2015, 42 millones de niños menores de cinco años tenían sobrepeso en todo el mundo.

La obesidad infantil es uno de los problemas de salud pública más graves del siglo XXI. Los niños con sobrepeso tienen muchas probabilidades de convertirse en adultos obesos y, en comparación con los niños sin sobrepeso, tienen más probabilidades de sufrir a edades más tempranas de diabetes y enfermedades cardiovasculares, que a su vez se asocian a un aumento de la probabilidad de muerte prematura y discapacidad.

• Dato 4: A nivel mundial, el sobrepeso y la obesidad causan más muertes que la insuficiencia ponderal (término que se refiere a estar por debajo del peso que se considera saludable. La definición se suele hacer en relación al índice de masa corporal (IMC). Un IMC de 18.5 se considera generalmente como lo normal).

El 57 % de la población mundial vive en países donde el sobrepeso y la obesidad causan más muertes que la insuficiencia ponderal. Entre esos países se incluyen todos los de ingresos altos y medianos. La diabetes, la cardiopatía isquémica y determinados cánceres son atribuibles al sobrepeso y la obesidad.

• Dato 5: La obesidad suele ser el resultado de un desequilibrio entre las calorías ingeridas y las gastadas.

El aumento del consumo de alimentos ricos en calorías, sin un aumento proporcional de la actividad física, produce un aumento de peso. La disminución de la actividad física provoca igualmente un desequilibrio energético que desemboca en el aumento de peso.

MITOS DE LA
MANTECA

....

Es propio del ser humano temer a lo que desconoce y querer explicar lo que no entiende, aunque ello conlleve hilvanar ideas sin sentido para luego contarlas y pasarlas de generaciones en generaciones como cualquier legítima historia oral. Historias fantásticas que no todas son de unicornios, gnomos y princesas encantadas, o caballeros en una mesa que no es cuadrada. En ocasiones se trata de mujeres independientes enjuiciadas como hechiceras cortejas de satán, y de otras tantas intrigas que terminaban con alguien marcando la frente de otro con alguna letra que significara infamia. Todo porque algún ignorante o persona mal intencionada comenzó a correr la voz de algo terrible.

De esta forma nacieron ciertas "creencias" sobre la obesidad que no son del todo ciertas. Y aunque alguna resulte graciosa, da pie a que otras se tomen como ciertas. Por ello es que debemos abrir las mentes y dejar de repetir, como el papagayo que los gordos:

A. NO PUEDEN BAILAR

Tengo el placer de conocer a un hombre extremadamente liviano en la pista de baile. Su género predilecto es la salsa de salón. Es campeón de baile y dicen que ni John Travolta le sería competencia. Sobrepasa las 400 libras, pero bailando flota como una pluma.

B. HUELEN MAL

Expedirá mal olor todo aquel que no sea diligente con su higiene. Sea gordo, flaco, alto, bajo, sordo, mudo, feo, guapo, homosexual, heterosexual, local, extranjero, etc.

C. SON AFECTADOS POR SU TAMAÑO EN LA PROPORCIÓN DE LAS PARTES ÍNTIMAS

Desde niña se notaba que sería una mujer con senos grandes. Desde que estaba en el kindergarten (jardín de párvulos), mi mamá me compraba pequeños sostenes para cubrir bien mis tetitas. No tengo que explicar cómo soy de adulta, pues salta a la vista. Lo que no resulta obvio es que mi "pechonalidad" es genética. Las mujeres por el lado de mi mamá y por la vía paterna, tienen gran busto. Existen muchísimas mujeres superdelgadas con el busto más grande que el mío, y otras tantas más voluptuosas que yo, pero con senos muy pequeños.

D. SON ACECHADOS POR LA MUERTE

Mi abuela decía que lo único seguro en la vida es la muerte. Nos toca a todos, razón por la que hay que vivir intensamente, cuidarse, amar cada instante y enfocarnos en lo importante. Hasta que llega el adiós. ¡Qué difícil es la despedida! Se nos nubla la mente y atacamos la gordura si el difunto era grueso. ¡OJO! Hay casos en que definitivamente hay una estrecha relación entre el sobrepeso y las enfermedades, pero no es una norma. O, ¿cómo me explican las muertes súbitas de personas delgadas, que practicaban alguna disciplina deportiva, guardaban una dieta balanceada y saludable? No soy médico, ni intento serlo. Tampoco te estoy alentando a no trabajar con tu sobrepeso –si es el caso. Lo que digo es que estar delgado no es una panacea ni estar gordo es una sentencia de muerte.

E. SON SINÓNIMO DE LA CELULITIS

La definición de la Real Academia Española a la celulitis es: acumulación subcutánea de grasa en ciertas partes del cuerpo que produce en la piel una rugosidad similar a la de la piel de la naranja.

Por definición, no se trata de una característica de las gordas. Al igual que la flacidez, la celulitis ataca en especial a las occidentales de cualquier peso. Se trata de los estilos de vida, en especial en los Estados Unidos. El sedentarismo, la acumulación de líquidos, el consumo de alcohol, el tabaco, el estrés y la ropa apretada son los mayores causantes de la aparición de celulitis desde muy temprana edad. Para mi sorpresa, he visto mujeres adultas mayores, muy gorditas, con pieles firmes y lozanas. De otra parte, he observado a chicas muy delgadas, repletas de celulitis.

F. SON TIESOS

La flexibilidad, hasta para los atletas profesionales, se desarrolla desde la niñez. Se alcanza con la práctica y disciplina, aunque unos pocos pueden jactarse de que nacieron flexibles.

De hecho, una amiga de la infancia (la más gordita de la clase), siempre fue *cheerleader* (porrista) por tener una flexibilidad envidiada por todas. Ahora soy amiga de una joven maestra de teatro circense que deja boquiabierta a cualquier primera bailarina del *ballet* de Bolshoi, y pesa 310 libras. Le han realizado muchas entrevistas por sus proyectos teatrales, y en todas se enfocan en

su peso y la flexibilidad asombrosa que tiene. "La única diferencia entre una flaca y yo es que entreno", es su típica respuesta.

G. SON LOS ÚNICOS QUE RONCAN

El ronquido es un sonido fuerte que ocurre cuando la respiración se obstruye parcialmente, durante el sueño. La obesidad es de los últimos aspectos nombrados como causantes del roncar o precursores de la afección conocida como apnea del sueño (en la cual una de las características en los pacientes es roncar). Muchos flacos roncan y/o padecen de apnea del sueño por los siguientes factores:

- Forma de la boca o tamaño de la lengua
- Consumo de alcohol
- Problemas nasales
- No dormir
- Posición al acostarse
- Tener antecedentes familiares de ronquido o apnea obstructiva del sueño

H. SON FEOS

¿En serio necesito aclarar esto? Jummm (*&`&%$#$#$#%$ Inhalo paz, exhalo ansiedad...)

"En cada día gris
recuerda que el Sol
sigue en el mismo lugar.
Con paciencia verás
las nubes disipar".

BYANKAH SOBÁ

B ARCO GRANDE, ANDE O NO ANDE

Los fanáticos de los huesos aseveran que ahí es que hay sabor, mientras que los carnívoros... bueno, ya ustedes saben.

Mi "Little FAT Book" cuenta con varias mujeres que a través de la historia se mostraron fabulosas, exitosas, voluptuosas y grandes, porque el tamaño sí importa. Unas le han sacado provecho a sus curvas, otras supuestamente se han fabricado curvas para sacarles provecho y hay quienes ni se han enterado que son gordas, porque el peso no es importante en sus vidas, puesto que aman cada parte de sus cuerpos. Aquí un pequeño escogido, el cual no está en orden de importancia:

KIM KARDASHIAN

Realmente era flaca y se alega que se sometió, aunque lo niega, a tratamientos para crear curvas y *derriere*. La transformación fue evidente

ante el ojo público y la cantidad de sus seguidores subió como la espuma. Con su fama por ser famosa, expandió como la pólvora la tendencia de aumentarse las nalgas. También cuenta con un banco de detractores que al criticarla le permiten a la más famosa del clan Kardashian hablar en favor de sus curvas.

IRIS CHACÓN

Antes de Paula Abdul, Janet Jackson, Jennifer López y Beyoncé, estaba Iris Chacón. Conocida como la vedete de América, la bailarina, animadora, cantante y actriz puertorriqueña rompió moldes y esquemas. Con su belleza voluptuosa y natural inspiró a muchas a amarse y sentirse bien en sus cuerpos. También fue la precursora de una serie de celebridades latinas

Fotografía: Rafi Claudio

que querían bailar y cantar como la Chacón. Marcó precedentes al levantar un imperio, encargándose de su carrera artística, y produciendo con éxito su propio programa de televisión, por más de una década. Hoy por hoy es uno de los símbolos sexuales más recordados e imitados en América Latina.

REINA VICTORIA

Corpulenta desde pequeña, Victoria, del Reino Unido, dio a luz nueve hijos, quienes le dieron 42 nietos. Su reinado de 63 años, siete meses y dos días fue el único más extenso en la historia del Reino Unido, recientemente superado por el de su tataranieta Isabel II.

La soberana inglesa recia, fuerte y determinada reinó gorda. Gorda y enamorada, pues muy distinto a como se estila en la monarquía, la reina se casó y se mantuvo prendada del esbelto Alberto de Sajonia hasta su muerte.

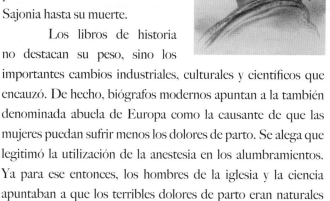

Los libros de historia no destacan su peso, sino los importantes cambios industriales, culturales y científicos que encauzó. De hecho, biógrafos modernos apuntan a la también denominada abuela de Europa como la causante de que las mujeres puedan sufrir menos los dolores de parto. Se alega que legitimó la utilización de la anestesia en los alumbramientos. Ya para ese entonces, los hombres de la iglesia y la ciencia apuntaban a que los terribles dolores de parto eran naturales por la maldición citada en el Génesis bíblico, por lo tanto se tenían que aguantar. Para el nacimiento de sus dos últimos hijos, inspiró cloroformo de un pañuelo en cada contracción. Así que hay que agradecerle a la reina gorda.

ADELE

La extremadamente talentosa y hermosísima cantautora británica, Adele, es una verdadera estrella. Desde sus inicios, ha probado el sabor de la victoria y el reconocimiento a su valía artística. En los Premios Brit, recibió

el galardón Elección de los Críticos y también ganó la encuesta Sound of 2008, realizada por la BBC. Su álbum debut, *19*, estuvo en la codiciada y difícil primera posición en Inglaterra y se ha certificado doble platino en Estados Unidos. Su actuación en el programa *Saturday Night Live* contó con la mayor cantidad de espectadores en catorce años. En la entrega 51 de los Premios Grammy ganó como Mejor Nueva Artista y Mejor Interpretación Vocal Pop Femenina. Vendió más de treinta millones de copias de su segundo álbum de estudio, *21*, por lo que se le certificó dieciséis veces como Disco Platino en Reino Unido y la Asociación de la Industria Discográfica de Estados Unidos (RIAA) lo certificó Disco Diamante. Tiene récord de seis Grammys, dos Brit y tres American Music Awards.

Cuenta con varias menciones en el Guinness World Records, y fue exaltada a Miembro de la Excelentísima Orden del Imperio Británico por el príncipe Carlos. Es la primera mujer en la historia que sitúa tres sencillos entre las primeras diez posiciones de la lista musical Billboard Hot 100 simultáneamente, y la primera fémina en tener al mismo tiempo dos álbumes y dos sencillos entre los primeros cinco puestos de la lista Billboard 200 y Billboard Hot 100. Su disco *21* pasó a ser el álbum con más entradas al primer puesto de la lista musical de Reino Unido y Estados Unidos. Forma parte de la elite de músicos que han recibido un Óscar y un Globo de Oro a la mejor canción original, ello por el tema "Skyfall", para una película de James Bond. Su tercer álbum de estudio *25*, debutó en el puesto número uno en la mayoría de los mercados principales. En la primera semana rompió récords de ventas a nivel mundial.

Billboard la nombró Artista del Año, VH1 la incluyó en el quinto puesto de las 100 mujeres más grandes de la música y la revista *Time* la calificó como una de las personas más influyentes en el mundo. Adele ha vendido más de 100 millones de sencillos y discos, haciendo de ella una de las artistas musicales con mayores ventas en el planeta.

¿Ustedes creen que a una mujer tan poderosa, única y talentosa como Adele le importe si alguien piensa que ella está gorda? ¡Claro que no! Siempre ha dicho, "yo no hago música para los ojos. Yo hago música para los oídos", en clara alusión a los *looks*, a los trucos y las simulaciones que sobran en el mundo del entretenimiento.

Con todo, Adele se ha mostrado muy centrada y en repetidas ocasiones ha reconocido que "la gente está empezando a ir sobre mi peso, pero yo no voy a cambiar mi tamaño porque a ellos no les guste la manera en que me veo". Lo interesante del asunto es que abre su corazón al hacer admisiones que se transforman en grandes enseñanzas para quienes se identifican con ella: "yo tengo mis inseguridades, por supuesto, pero no jangueo con nadie que las señale (inseguridades) en mí".

La ironía de la vida es que su apellido es Adkins (no confundir con la dieta Atkins) y el sello discográfico que la representa es XL Recordings (nada que ver con las tallas de vestir).

MISS PIGGY

No me volví loca. Sé que Miss Piggy es un personaje de ficción. Al menos así comenzó, como una marioneta, pero vaya, ¡qué marioneta!. Ahora es catalogada una leyenda. Contrario a los estereotipos que puedan desdeñar la imagen de los cerdos o puercos, Miss Piggy fue aceptada en el público general como el ideal de las que quieren ser famosas, de las mujeres emprendedoras, fuertes y muy independientes. De aquellas que comandan su propio destino, aunque no su corazón, pues se enamoró de una rana. De hecho, de la rana que protagonizaría las presentaciones del espectáculo de los Muppets, del que ella era un mero personaje secundario. No empece a su gran amor, la extravagante personalidad, ansias de estrellato y el aval masivo del público la convirtieron en la reina de los Muppets. Los mismos creadores del ultraexitoso espectáculo infantil, han admitido que la fama de Miss Piggy los tomó por sorpresa, ya que en corto tiempo se hizo popular, entre los televidentes, trascendiendo al público adulto. Tanto que los productores no tardaron en sacarle provecho comercial. Se le publicó un libro al personaje ficticio (*Miss Piggy's Guide to Life*), el cual se tradujo en un éxito en ventas, mayor que el publicado para la rana René (*It's Not Easy Being Green: And Other Things to Consider*).

Su primera aparición en televisión fue en un especial, en un programa de variedades en el 1974. Comenzó con los títeres desde el programa piloto en 1975 y hasta el sol de hoy es considerada una estrella que diseñadores utilizan para campañas, productos de lujo y para integrar conciertos junto a grandes de la música como Elton John y el mismísimo semidiós del *rock* pesado, Ozzy Osbourne. Ha tenido apariciones estelares en programas de realidad como *America's Got Talent* y periodistas de renombre la han entrevistado. Todos quieren a Miss Piggy, porque es bella, talentosa y sumamente atrayente. La única decepción para ella es no haber ganado un Óscar o un Bafta (British Academy of Film and Television Arts). Tiene temperamento volátil, el egocentrismo es una de sus cualidades, fue creada por una mujer y personificada por un hombre. Su intérprete, Frank Oz –el mismo que le dio la voz al Yoda de *Star Wars*– aseguró que la diva, diseñada por Bonnie Erickson, es uno de los pocos *muppets* que cumple con las tres dimensiones de un personaje: la externa, la personal y la interna (la más compleja).

Miss Piggy, lejos de ser una mofa para las mujeres gordas, es una inspiración para todos. Ella se ama, no piensa mal de ella misma y está segura de que su peso es el mejor.

MONÓLOGOS DE LA BARRIGA

Recuerdo infinidad de anécdotas que podría contar, pero decidí hacer un breve escogido de historias sobre mi gordura y la de otros, con las cuales te pudieses identificar (los nombres de algunos famosos personajes me los reservo).

YO EN LOS MARINES

Año 2004. Estaba en *El Show de las 12*, de Telemundo. Era comentarista de farándula. Estaba harta de hablar de temas –para mí– sin sentido, mientras el presidente George W. Bush acababa de declarar la invasión a Irak por los ataques terroristas del 911. Pensé: ¡la tercera guerra mundial! Nerviosa y afligida, al igual que muchos en el planeta, tuve un proceso introspectivo que me llevó –ni me pregunten cómo– a alistarme en los Marines (al menos eso pensé).

Francamente, mi corazón sabe que la guerra no es la solución a nada pero, en aquel momento, me sentí completamente inútil mientras venían a mi mente las predicciones de Nostradamus, las imágenes del Apocalipsis y sus jinetes junto al barrio en espiral del tal Dante. Llegué a la oficina de reclutamiento y muy patriota dije que quería servir contra el terrorismo con mi vida. Atónitos y perplejos ante el dramatismo, los oficiales me llevaron a una pequeña oficina y me orientaron sobre el proceso. Tras varias preguntas me dijeron que debía tomar un examen sobre el manejo del idioma inglés, y que lo podía tomar de inmediato (ya me veía con Tom Cruise en la secuela de *Top Gun*, y de fondo, la música de Berlin con "Take my Breath Away"... aunque sé que el filme se trata del Air Force, pero ustedes captan mi idea). Realmente me estaba viviendo la película. ¿Y adivinen qué? Pasé el examen y cuestioné cuándo me iba al entrenamiento básico. Con una muy jovial sonrisa y agradable voz, el oficial a mi cargo me respondió: "No tan rápido. Puedes unirte a un equipo que se encarga de entrenar a los aspirantes a reclutas para bajar de peso. Serían unas pocas semanas en lo que llegas al peso permitido para aceptarte". Yo: "*SAY WHAT?*". Que vengo voluntariamente para que me usen como carne de cañón (no en términos literales, pues las mujeres rara vez combaten en frente de batalla) ¿y que no puedo ir a pelear por la "libertad" porque estoy GORRRDAAAAA? Pues así. Indignada, tomé mi cartera y me marché del lugar. Llamé a una amiga y le conté. Ella pensó que estaba loca e hizo caso omiso a mi enojo. Par de días más tarde descubrí que todo era parte de mi proceso de ovulación (siempre me ponía muy emocional).

Sin embargo, ya con la menstruación presente y mis cabales en su lugar, aún me molestaba pensar que mi peso fuese un inconveniente real para entrar a la Marina. Verdaderamente nunca he visto a un soldado gordo, pero pensaba que todo el mundo llegaba al peso ideal en el entrenamiento básico preparatorio, y que lo importante era la edad, la educación y las motivaciones para servir con honor y orgullo (tal como tantos veteranos). Para mi sorpresa, parte de las normas de los Marines realmente leen como sigue: "Requerimientos físicos: Debido a las varias exigencias físicas a los miembros de Servicio en cada cuerpo, los requerimientos físicos varían enormemente, incluso dentro de cada cuerpo. Generalmente hablando, los candidatos a miembros de Servicio deberían tener una buena condición física, peso apropiado y ser capaces de aprobar una evaluación física normal antes de ingresar. Para obtener información más detallada, por favor comuníquese con un reclutador".

OINK OINK

Al ingresar a escuela intermedia, a séptimo grado –en pleno proceso de bajar de peso tras las altas dosis de cortisona y una menstruación tardía– un chico de escuela superior (en aquel entonces, las escuelas intermedia y superior en Vieques estaban en un mismo plantel escolar), hacía sonidos de cerdito cuando me veía. Pasaron los meses y yo adelgacé y él se quedó igual de feo.

IT'S COMPLICATED!

Mantuve una relación sentimental con cierto hombre por dos años y medio. Él estaba obeso. Y peor aún, superacomplejado por su apariencia (pese a que es muy guapo y brillante) y su familia pretendía acomplejarme a mí también. Un día su padrastro dijo en tono de chiste, en plena cena familiar: "si tienen hijos serán bolitas", en clara referencia a nuestra grandeza corporal. En ese momento me cuestioné por qué esta cacería de gordos soslayada. Definitivamente no vivíamos en Salem, éramos buenas personas y jóvenes exitosos. Pues cabe destacar que él es un profesional altamente cualificado, y en cuanto a mí –a la par con mi aumento en masas y cachetes– se fortalecía mi nombre como periodista especializada en espectáculos y ya daba pininos en el campo de las relaciones públicas con un dúo de entonces exponentes del *underground*, Wisin y Yandel. De esta manera, tenía que sentirme orgullosa por sobresalir por mi trabajo y no por la apariencia que se acostumbra frente a las cámaras (que para colmo nos hacen lucir entre 10 y 15 libras de más –y yo diría que hasta 20). Trabajaba y trabajo en lo que sé, y no mostrando partes de mi cuerpo.

Otro cuento del susodicho: Un buen día, en un popular programa de televisión, se comentó que mi pareja se parecía a cierto reportero obeso, muy conocido. ¡La HECATOMBE!

A su madre, a quien quiero muchísimo, casi le da un yeyo. A su padrastro, a quien admiraba y respetaba grandemente, le dio un soponcio. Y a él, ni que se diga. Me recriminaron a mí por lo dicho en la TV, algo de lo cual yo no tenía ningún control. Acto seguido, un colega me entrevistó para la revista *TeVe Guía* y preguntó sobre mi vida amorosa. Respondí que estaba soltera. Que el hombre que quisiera ganar mi corazón tenía que amarme, respetarme y ser muy seguro de sí mismo. Demás está decir que ese fue el principio del fin.

¿Y QUÉ CULPA TENGO YO?

Realizando mi intervención como comentarista de espectáculos en cierto programa de una emisora de radio, en la banda FM, estaba bromeando con el animador, como de costumbre. Tal parece que al hacerle un comentario, que yo entendí inocente, sobre su pasada pareja radial, el individuo se molestó y se puso colérico. Aparentemente, sin percatarme, puse el dedo en la llaga de una fuerte controversia de la que él era parte y yo ignoraba. Sin encomendarse a nadie, el individuo comenzó a gritarme en tono desmedido. Hablaba de mis chichos, todo esto al aire. Continué el segmento hasta el final, para no dejar de ser una profesional, pero al finalizar agarré mi cartera y jamás regresé. Jamás. Desde entonces, me siguen llamando gorda en ese programa, con un tono ofensivo, obviamente. Aun cuando los animadores de ese programa no tienen cuerpos esbeltos, ni son lindos. Después me enteré que el locutor estaba con el ego herido porque a su compañero de radio se lo llevaron con un gran contrato para una emisora en Estados Unidos y a él lo repudiaron, muy a pesar de que él fue quien comenzó las negociaciones para abandonar en conjunto la emisora en la que laboraba.

R.I.P.

En repudio a una falta ética del nuevo dueño de la publicación en la que trabajé por muchos años –quien padece de obesidad mórbida– renuncié e hice público lo sucedido en mi segmento de *El Show de las 12*, de Telemundo. Para amedrentarme, ese ejecutivo llamó al entonces presidente de la tele-emisora para exigir que me despidieran o presentaría sendas demandas a Telemundo y a su matriz NBC. Así que me pusieron de patitas en la calle (a corto tiempo de la cancelación de la legendaria producción de Paquito Cordero). Fue entonces cuando el cómplice del ejecutivo de la publicación, un titiritero chismólogo, en celebración de mi despido, utilizó el habitual ataúd que destacaba para mostrar el desprecio hacia sus contrarios. Lo único, que en esa ocasión dijo: "la caja es *extra large*, pues ella es bien grande". El intento de humillarme fue agrandado, pero sin papas ni refresco.

LA GORDITA FELIZ

De invitada al programa radial de una figura muy importante de nuestra cultura popular, y queridísimo amigo, este le preguntó inocentemente a un político con el que estudié en escuela secundaria: "¿Ella era la gordita feliz del colegio?". El político respondió que sí, pues en la mente colectiva ya estaba tan plasmado que soy gorda y que toda la vida lo fui. Tanto así que mis recuerdos como víctima de *bullying*, de cuando en aquella época me decían "pescuezo de gato" y "patas de 'chiquen'", por lo flaca, resultaron como si fuesen creados por mi imaginación.

MI VICIO

Estaba en el servi-carro de una conocida heladería y tras un cortés saludo, me preparé para realizar el pedido en la pizarra (que no contaba con cámara). El empleado me llamó por mi nombre y me preguntó si quería "lo de siempre". Les juro que lo único que dije antes fue: "Buenas noches". ¡Ya me conocían! Iba todos los días.

CHICAS EN EL BAÑO

En el baño del cine, lavándome las manos, una muchacha me mira por el espejo y pregunta: "¿Te han dicho que te pareces a Byankah Sobá?" "Desde que nací", fue la respuesta con la que fallé el mensaje a comunicar, puesto que acto seguido, la vecina de lavamanos añadió –con ese gesto de desprecio en el rostro, en el cual se retuerce la boca y se levanta el labio superior– "pero claro, tú eres mucho más flaca". Ella estaba segura que esa Byankah de la que hablaba no era la que tenía al lado, pues la primera se estaba rajando de gorrrda, muy distinta a la que acababa de conocer.

PLU-SE-SI-TA

Un buen día esta reconocida "modelo" y participante compulsiva de los certámenes de belleza (a tal punto que se ganó el mote de Miss por poco), compartía conmigo y otras más en una sesión fotográfica para un catálogo de cierta tienda por departamentos. Entre otras cosas, ella modelaba ropa interior y yo fui escogida –obviamente– para modelar ropa *plus*. ¿Quién mejor que yo? :) Ella estaba enojada por uno de mis reportajes en la revista *VEA*, en el que aparecía su supuesto novio con otra mujer (ni que yo tuviera la culpa). Solicitó mi despido y me llamó en varias ocasiones a la redacción para amedrentarme. Al estar en el *shooting*, en su ambiente y muy segura de que me iba a humillar, me dijo –con los labios retorcidos y desprecio en su voz– al tiempo en que me miraba de arriba a abajo: "tú, tan 'plu-se-si-ta'". Tengo que admitir que me asombré y me reí. "Si eso es lo único que tienes para insultarme, me da mucha pena por ti", fue mi única respuesta ante su crasa superficialidad. Claro está, ariana al fin, no me quedé con esa y conté en voz muy alta tooodas las cafrerías y bajezas que sabía de ella. (Ojo: No es un ejemplo a seguir. Como nos enseñó el Chavo del Ocho, "la venganza nunca es buena, mata el alma y la envenena").

HASTA QUE LA GORDURA LOS SEPARE

Una amiga muy querida me contó que de paseo en su luna de miel en Europa, se quedó mirando una vidriera con pastelería bellamente decorada. Su ahora esposo, que de novio era muy galante y sensible, la miró con severidad y le ordenó: "¡No te comerás eso, porque te vas a poner como un dirigible!". ¡EN SU LUNA DE MIELLLLLLL! Ella me dijo que se quedó fría, pero replicó con sendas preguntas: "¿Tú me quieres decir que te casaste conmigo porque estoy así de flaca? ¿Acaso tú te vas a mantener así? (Se refería a lo esbelto que él ERA –en pasado, pues ahora tiene una gran barriga). La respuesta del individuo fue parca, clara y precisa: "Yo no me casé con una gorda". ¡EN SU LUNA DE MIELLLLLLL!

BUSINESS ONLY

Tengo una amiga que es preciosa. Tiene un rostro hermosísimo que refleja el interior de su corazón. Siempre ha estado sobrepeso y estuvo mórbida. Se practicó la cirugía bariátrica, con la que redujo su masa corporal a casi un 50 %, pero no está esquelética. Es una ejecutiva en el mundo de las comunicaciones y llegó a ese nivel profesional en el que las mujeres jóvenes y emprendedoras tienen una desventaja enorme ante los hombres: la apariencia. Les reitero que es una mujer con una cara despampanante. Además, siempre está exquisitamente arreglada, siempre producida al más mínimo detalle. Pese a todo lo anteriormente destacado, su superior, quien era la jefa bajo el jefe mayor, le dijo: "Tú eres la que debe heredar mi puesto, PERO estás gorda".

¿SANTA TIENE HERMANO?

Un buen amigo, que llegó a pesar más de 700 libras, me dijo que para sobrevivir en la jungla empresarial, tuvo que esforzarse más para demostrar su capacidad, pese a su peso –como si se tratara de un minusválido– y acuñar el personaje de gordito feliz. En una ocasión, otras personas subieron al ascensor junto a él, entre ellos un niño. Mi amigo percibió que el chiquitín lo miraba con asombro y hasta con un poco de susto, sin recibir reprimenda de sus padres. "Soy el hermano de

Santa Claus y le diré a él que no te lleve juguetes en Navidad", le dijo, arrancando el llanto desesperado, a gritos, del niño y el susto de sus padres. Imagino que los papás del mocoso ahora tendrán una excusa para asegurar que los gordos se irritan si los miran mucho, pero jamás se les ocurrirá enseñarle a su hijo sobre el respeto a todas las personas.

SÁBADOS DE *HAMBURGUER*

Un gran, gran amigo, vinculado con el negocio de la moda, se hizo famoso estando sobrepeso. Pero, ¿cómo que alguien relacionado al mundo de la moda iba a estar gordo? Pues se puso en régimen para bajar de peso. Realmente no comía, a excepción de una que otra sopita durante toda la semana. Eso sí, se hartaba una hamburguesa doble con papas fritas y una batida de vainilla todos los sábados. Me parece que ese atracón tampoco es parte de lo bien visto en el exclusivo mundo del *fashion*.

MI MAMÁ ME MIMA

Para mi graduación de sexto grado, mamá me compró un vestido hermoso. Era blanco, con una sutil lluvia de lentejuelas y en una esquina de la falda se formaba una rosa. Jamás he vuelto a ver un vestido tan bello. Pero no me sirvió, no hubo forma de subirme el cierre. Lloré mares, pero los dioses del Olimpo no se apiadaron de mí. Acto seguido, mi dulce madre no se cansó de gritarme: "¡Barril, pareces un barril. Por eso nada te sirve!". Aun cuando pude ir a mi graduación con un traje confeccionado por mi abuela paterna, ya el misil hacia mi autoestima había sido lanzado.

SIN QUERER QUERIENDO

Un padre soltero, padre y madre ejemplar, en su amor a su hija de 26 años sobreviviente de cáncer, la instaba a bajar de peso tras los tratamientos para la enfermedad. Constantemente le recordaba lo gorda que estaba. Le pregunté una vez el por qué de su insistencia, la cual rayaba en la crueldad. Me respondió que era para motivarla a no quedarse gorda, que ella era de muy baja estatura y que se vería mejor con menos peso. Que ella funcionaba así, a son de maltrato, como las mulas. Estoy segura que la intención fue buena, pero el tono despectivo que utilizó en muchas ocasiones resulta en un dolor innecesario que se suma a la amargura que tiene su hija.

LA FLACA FEA

Disfrutando de una salida en parejas, mi amiga miraba obsesivamente a cierta mujer que a grandes rasgos medía unos 5 pies con 10 u 11 pulgadas, y pesaba unas 95 libras. Mi amiga repetía compulsivamente: "¡Está bella! ¡Qué bella!". Ciertamente la chica, a quien conozco, es muy buena persona, con gran corazón, elegantísima, muy sencilla y suave en su trato. Es toda una dama. ¡Pero linda no es! Fue cuando tuve que recordarle a mi amiga, la víctima de la propaganda del sistema: "Fulana, ese es el ejemplo de una flaca fea".

POR CULPA DEL *PHOTOSHOP*

Cambié mi foto de perfil de Facebook por una obra maestra de un diseñador de modas amigo que editó mi figura para favorecer su creación, expuesta por mí. Quedó tan bella la imagen que me enamoré del concepto entero, obviando que sus retoques con el lápiz digital de su teléfono inteligente eran más voraces que cualquier bisturí de cirujano plástico. La diferencia entre lo real y la foto era evidente. La imagen choteaba a viva voz que todo era un fraude pero, uno muy bueno. Enseguida las compañeras de trabajo de mi madre le preguntaron con asombro sobre mi peso, pues desconocían que estaba tan esbelta, supuesta y alegadamente. Mi madre, ni corta, ni perezosa, asintió. "¡Sí! Ella está así de flaquita", aseguró. Acto seguido, me llamó para prohibirme ir a su trabajo: "ni te atrevas a venir por acá, que esas mujeres se creen que estás flaca. No me hagas quedar mal", me advirtió. Mi propia madre... ¡uf!

CUESTIÓN DE PRIORIDADES

Al regresar a su casa tras un arduo día de trabajo y estudios, este gran amigo encontró a su hija de siete años y su hijo de cuatro con una nota de despedida de su esposa, quien lo abandonó a él y a sus hijos. Ella decidió dejar todo atrás. Nadie la juzgó ni cuando decidió experimentar una relación gay. Años más tarde, mi amigo se casó con una esbelta jovencita y la ex pegó el grito en el cielo. ¿Su argumento? "¡Esa mujer se va a poner bien gorda. Mira qué huesos anchos tiene!". Él no dijo nada y lo dejó pasar, pues realmente no había argumento coherente, menos con su trayectoria. Mi amigo iba a convertirse en padre nuevamente con su nueva pareja. Obviamente, durante el embarazo, la muchacha aumentó varias libras, por lo que sonó

el teléfono y era nuevamente la ex: "¡te dije que iba a engordar!".
Pasó el tiempo, otro divorcio y volvió el amor. La ex: "no sabía
que te gustaban las gordas", le comentó esta vez, con sarcasmo,
sobre la nueva novia. A grandes rasgos esa mujer, la ex, está
obsesionada con trivialidades, dejando a un lado asuntos como
el bienestar de sus hijos, por mencionar alguno.

EL INSULTO

En televisión se estila celebrar una reunión de
producción antes de grabar o ir en vivo, por lo que la siguiente
historia se pudo haber dado en cualquiera de las televisoras
que he trabajado (La Corporación de Puerto Rico para la
Difusión Pública, WAPA-TV, Telemundo o Univisión).
En una de esas reuniones, los compañeros presentadores
y la producción discutíamos sobre las historias a presentar.
Una de ellas era sobre cierta figura pública que le llamó
gorda a otra celebridad. Yo me quejé por entender que el
suceso carece de sustancia y relevancia como para dedicarle
tiempo en el *show*. "Total, llamarla gorda no es un insulto",
comenté. *Wow!* Mis compañeros me miraron como si hubiese
atropellado a un perro y me hubiese ido a la fuga. Imaginen
dagas con fuego saliéndole por los ojos, todas en mi dirección,
y cuando estaban a punto de entrar a mi rostro se detuvieron,
con el efecto del filme *Matrix*. Fue cuando uno de ellos (que
lleva una vida en sobrepeso), me gritó con cara de lobo feroz
a punto del ataque (con todo y salivación), "¿No? ¿No es un
insulto? ¡Claro que lo es!". Lo tomó tan personal, como si el
insultado fuera él, quien mantiene dietas eternas, se burla de
él mismo antes que otros lo hagan y admite usar la trotadora
en su casa para secar las toallas.

LA VIEJA, LA NUEVA Y EL EX

Una muy guapa encargada de uno de los demostradores en una convención me pidió truquitos para rebajar porque recién se divorció y quería recuperar a su ex, quien la dejó por otra. Al verla tan interesada por las dietas y por mejorar su físico, me atreví a preguntarle: ¿cómo es la mujer que ahora comparte con tu exmarido? "¡Flaca!", me respondió frenética. Me dijo además que aún amaba a su esposo, pero me habló sin saciarse sobre cómo quería cambiar su cuerpo "para darle por la cabeza a la otra". Le dije que parecía estar más molesta por el hecho de que su esposo la abandonara para irse con una mujer menos corpulenta, que por el mismo hecho del plante. Pasó a explicarme que ella era delgada y que se "descuidó". No ama a su esposo, pero tampoco se ama a ella misma.

LA COLA

Tras varios chistes y entrar en confianza espontánea, en un restaurante de sándwiches "saludables", la empleada que me atendió –señalando su cuerpo con ambos brazos– me dijo: "la Coca-Cola es la que me tiene así". Realmente no entendí la abrupta acusación al producto, ni el por qué de un juicio hacia ella misma. No la conocía. Era la primera vez que la veía. Para mí no era más que una mujer, casualmente con sobrepeso, empleada de un restaurante que paradójicamente cae en el renglón de "comida rápida", pero "saludable" (algo muy poco probable). El mismo negocio del cual su exportavoz engordó muchísimo tras anunciar que bajó más de 100 libras comiendo los emparedados del lugar, y el sistema judicial de Estados Unidos demostró que además, no llevaba un "estilo de vida saludable". Eduardo, mi esposo (entonces mi novio) y yo, la incluimos en el chiste interno de que él quiere bajar la barriga, pero se niega a dejar esa marca de gaseosas. "¿Cómo que la Coca-Cola te tiene así?", fue mi respuesta. De inmediato comenzó el desfile de justificaciones de su sobrepeso, ante personas que ella desconocía (nosotros), por lo que se podía ahorrar las explicaciones. "Sí, es el refresco lo que me tiene así, porque yo casi no como". Ya que la familiaridad nos contagió, me sentí en la libertad de formularle varios cuestionamientos sin tapujos. "¿Que la Coca-Cola te tiene así cómo? ¿Gorda? ¿No será que no comes bien, tu metabolismo esta lentísimo por privarlo de algo que se convertiría en energía? Todo se almacena". Me miró como sin entender, entonces balbuceó que no tenía tiempo de hacer ejercicios. Luego se quedó cabizbaja, con la mirada perdida en un aparente triste recuerdo o en la introspección de una triste realidad. Ya en una mesa, comiendo el sándwich "saludable", y ella tras el mostrador, le grité para despertarla del letargo: "¡todo es una excusa; lo que tienes son malos hábitos alimenticios!". Eduardo me lanzó esa mirada como queriendo decirme: ¡cállate!. Él pensó que estaba siendo más que indiscreta, que le faltaba el respeto a la muchacha que me identificó como un símbolo de gordura, por lo cual se sintió en la extrema confianza de hablarme de algo que aparenta ser tan importante para ella, y que posiblemente juraba que para mí también. Pues nada más lejos de la verdad. Logré traerla a la realidad. Fue como la llamada de los astronautas del Apollo 13 en la luna a la NASA en la Tierra, cuando tuvieron un problema técnico: "*Houston, we have a problem.*" Ahí fue que se sinceró realmente y me contó su vida desde el mostrador donde atendía a los clientes que seguían llegando. Me contó que parió, que tiene un esposo flaco, que fue víctima de acoso en su escuela y en el residencial público donde vivía. Y no la molestaban por su peso, sino por ser diferente. Lo peor es que no se sentía amada por su madre. Todos esos problemas emocionales e inseguridades eran como huecos, profundos hoyos en su alma, los cuales trataba de llenar con algo que le diera un placer momentáneo: la comida, ni la Coca-Cola.

EL CLUB DE LOS ESPOSOS DE GORDAS

Un conocido de mi esposo le pide que lo escuche, pues necesita un consejo. "Amo a mi novia con toda el alma, nos vamos a casar pero, tengo un problema", comenzó el atribulado. "Ella trabaja mucho y ya no tiene tiempo de hacer ejercicios ni para comer bien. Está engordando, ¿qué hago?", prosiguió. Mi esposo, sin saber qué responder ni por qué le preguntaba a él, le dijo al pobrecito que si realmente amaba a su novia, y si verdaderamente quería casarse con ella, el asunto del peso no tenía importancia. Que si él veía que a ella le molestaba el ganar peso, que la ayudara sin juzgarla ni masacrarla con el tema. Que fuera muy sensible y amoroso. ¿Qué creen? Por carambola, mi esposo ahora es el *connoisseur* de las gordas ¡jajaja!.

ENTRE LA EDAD Y EL PESO

Un buen día, en un cuarto de maquillaje de uno de los canales de televisión en donde trabajé, una coqueta maquilladora de 57 años –entonces la misma edad de mi mamá– se molestó porque en medio de una conversación le recordé algo que parece olvidaba con frecuencia: que ya ella estaba mayor de edad. Repliqué que no le podía disgustar lo que constituye un hecho. Que ella se veía muy bien pero que ya no es una chica joven de 20 años. Pues la maquilladora, como poseída por algún espíritu demoníaco, viró su rostro hacia mí con rapidez y me gritó desde el fondo de sus entrañas: "no me gusta que me digan vieja, como a ti no te gusta que te digan GORRRDA" (redacto el repetitivo adjetivo en mayúscula, con varias R para imitar el énfasis sonoro que le dio a la palabra). Cabe destacar que la señora está sobrepeso, con todo y que se sometió a un estricto régimen de reducción calórica y hormonas. Sin embargo, padece el síndrome del exgordo.

¿SIRENAS O VACAS DE MAR?

Les comparto que soy fanática de los documentales sobre historia, el reino animal e investigaciones a profundidad. Un buen día me dispuse a ver uno sobre sirenas. Se dijo que pescadores y viajeros en el mar, quienes pasaban meses o años sin ver tierra, alucinaban con mujeres en el agua. Estas alucinantes criaturas con pechos al aire y cola de pescado seducían a los marinos hasta la locura o la muerte. La interesante producción destacó que en la actualidad los científicos, historiadores y uno que otro fanático de fábulas míticas aseguran que aquellas visiones –lejos de ser supuestas sirenas– están directamente relacionadas a los manatíes que viajan del Caribe hasta Florida. Son unos supersimpáticos y adorables mamíferos que algunos llaman vacas marinas. Todo el día pastando vegetación acuática pues son herbívoros. De repente, el presentador cuestionó, indignado y extrañado, cómo los marineros pensaban que dichos animales eran sirenas ya que los manatíes eran regordetes. El libreto del *show* descartó que quizás la percepción de sirena es errónea y que los marineros imaginaban mujeres corpulentas, tal como era el concepto de belleza de entonces. Y quizás iguales a las mujeres que los esperaban en sus hogares.

NO FATS ALLOWED

Preparándome para mi boda, escuché decir a una joven que estaba en las mismas que yo: "No quiero gordas en mi boda, me van a dañar las fotos. Por eso mis amigas no van a salir en el séquito. Quiero niños". Cabe destacar que la chica no tiene niños, y creo que ahora tampoco tiene amigas.

GORDO HASTA EL GATO

Fui a buscar mi gato de siete años al veterinario, quien lo atiende desde que era una cría. Lo dejé para el examen de rutina, las vacunas anuales y para analizar la posibilidad de practicarle un procedimiento opcional a mi amado Juez Costa Pinto (ese es el nombre de mi mascota, en honor a un personaje de la novela brasileña *Dona Bella*). Muy serio y mirándome fijamente, el médico de animales me dijo que debía hablar conmigo. Mi corazón se paralizó. ¿Qué le pasa a Costa Pinto? ¿Qué le encontró?

Vet: No le puedo practicar la operación.

Yo: Pero, ¿qué tiene Juez Costa Pinto?

Vet: Está muy gordo.

Yo: Pero, ¿está bien de salud?

Vet: Pesa 18 libras. La última vez que vi un gato de 18 libras, era un cachorro de león.

Yo: Pero, ¿cuánto se supone que pese?

Vet: Debe estar en unas 10 libras.

Yo: Solamente tiene ocho de más.

Vet: En proporción, es como si yo tuviera 100 libras de sobrepeso.

Yo: ¿Y qué voy a hacer?

Vet: Pues te lo puedo dejar internado aquí, en lo que rebaja. Únicamente te cobraré la comida.

Yo: ¿Aquí, en la clínica? ¿Por qué?

Vet: Porque ya veo que en tu casa no lo vas a poner a dieta.

Yo: Lo puse a dieta, por eso tiene un chichito que le cuelga en la barriga.

El doctor y su asistente se miraron y rieron sarcásticamente, al tiempo en que al unísono decían entre dientes: "¡chichito, en diminutivo! ja, ja, ja...".

Estaba atónita y perpleja. No sabía cómo reaccionar. ¿Era una mala madre? El veterinario al no ver reacción en mí, le contó a la humana de otro de su pacientes que el suceso le recordaba a una mujer a quien le recomendó esterilizar su perro por complicaciones a las que se expondría de no hacerlo. Para ello, debía poner al animalito a dieta, en lo que bajaba cinco libritas. "¡Ay no, eso sí que no!", le respondió entonces aquella, al parecer sintiéndose tan extraña como yo en ese momento.

"Perdónate por poner tanta presión en tu mente. Perdónate por querer verte como otra persona, y no como tú mismo".

BYANKAH SOBÁ

INDUSTRIA DEL TERROR

La envoltura puede ser un fiel reflejo del alma o totalmente lo contrario, dependiendo de la salud mental del individuo. En arroz y habichuelas, no todo lo negro es morcilla. Desde los albores de la civilización, la ropa determinaba el estatus social, económico, la etnia y hasta el estado de humor.

Si había luto, si estábamos de fiesta, si trabajábamos o íbamos a protagonizar una boda.

Ahora la historia parece la misma. La gran diferencia es que actualmente existen muchas opciones para verse bien, o al menos conseguir las modas que uno quiere, de manera más fácil. Me refiero a que no hay que ir a París o Italia para obtener los diseños de temporada ni hay que ser acaudalado para comprarlos.

Sin embargo, tal como todas las actitudes que mostramos, las piezas de vestir que escogemos para distinguirnos, pueden reflejar la verdad de lo que somos, y no lo que queremos que otros crean de nosotros. Es así que la ropa que elegimos resulta la primera comunicación no verbal que expresamos ante los demás, es gran responsable de la primera impresión de la gente sobre nosotros, además del gran antifaz que esconde lo que no queremos que los demás vean, y hasta la varita mágica que nos hace sentir invencibles.

La industria de la moda estudia a cabalidad el comportamiento de los mercados que quiere atraer, y se convierte en la peor amiga. Esa que te dice exactamente lo que quieres escuchar, aun cuando no sea lo correcto. Esa traidora que te engaña, que miente. Pero lo peor de todo es cuando nos mentimos nosotros mismos.

¿Cuántas veces nos acostamos en la cama, aplanamos el vientre y contraemos las nalgas para subir el cierre del mahón o vaquero que NO nos sirve? Luego de varios intentos fallidos, logramos levantarnos y vernos dos rollos de piel rellenos de grasa desparramándose por los bordes del maldito *jean* (maldito, porque nos empeñamos en que la culpa es de la pieza de ropa). Y para vernos más sexi aún, completamos nuestro ajuar con un top bieeen pegao', y así es que nos sentimos bien "coquetosos". Casos similares le ocurren a personas esbeltas que intentan entrar en tamaños negativos (*x-small, xx-small,* etc.) Es de esa forma que nos adoctrinamos para asegurarle a las neuronas que son erróneas las señales de dolor por el apretujamiento que envía el cerebro a diversas partes de nuestro cuerpecito. Después están en depresión porque están y que gordos. ¡Que nada les sirve!

¿Y qué me dicen de la ropa interior? En mujeres con el busto grande, el sostén es importantísimo para mantener las cosas en orden divino. Pero la verdad es que los *bra plus* y/o minimizadores son horrendos y carísimos. Razón por la que optamos por envolver las nenas como un bollo de pan en un brasier bonito, con encajes y lacitos, pero que separan la espalda en tres o cuatro secciones y ocasionan que el tetaje se desparrame de la copa por arriba, por abajo y por los lados (¿he mencionado nombre yo?). Con las pantaletas y calzoncillos pasa exactamente lo mismo. Demarcan nuevos límites en las caderas, la barriga y los glúteos, por lo que los cuerpos se deforman.

Somos conscientes de todo lo que hacemos, de lo que no nos queda bien, pero nos detenemos exclusivamente cuando alguien nos dice algo hiriente. Entonces llegas a un lugar lúgubre, dentro de tu mente, al que llamamos frustración. Eso que hemos convertido en un muy mal estado de ánimo. Bajo la definición de la Real Academia Española, la palabra frustrar significa: 1.Privar a alguien de lo que esperaba. 2.Dejar sin efecto, malograr un intento. 3.Dejar sin efecto un propósito contra la intención de quien procura realizarlo.

A claras luces se trata de obstaculizar algo o a alguien. Somos quienes nos interponemos a la felicidad, al amor propio, al éxito rotundo, pero en crasa cobardía siempre esperamos por alguien más para atribuirle la culpa. Culpa que confundimos con la responsabilidad por nuestras acciones. Culpa que sentimos por nosotros mismos. Esa misma culpa que es lo peor que podemos sentir, por lo densa que es su carga energética.

¿Quieres hacer una prueba? Cuando perdonas a alguien, por algún problema que te marcó, te sientes liviano y con más fuerzas. Liberado, como si te hubieses quitado un gran peso de encima. Era la culpa. No porque la responsabilidad de los hechos fuese necesariamente tuya. Es que tú, en el subconsciente, reconoces que es tu responsabilidad el aferrarte a un sentimiento negativo que sabes (inconscientemente), que te hará daño únicamente a ti. De ahí la importancia de perdonarse, pero es el perdón más difícil de otorgar: el perdón a uno mismo. Perdonarte por poner tanta presión en tu mente. Perdonarte por querer verte como otra persona, y no como tú mismo.

La pregunta obligada es: ¿Por qué quieres ponerte ropa que no te queda?; ¿por qué decides verte como las más baratas prostitutas del barrio o la más sombría de las almas en pena del purgatorio?; ¿por qué eliges sufrir dolor físico al usar una talla demasiado ajustada?. Si aún estás en negación, permíteme responder por ti y por todas: Es que prefieres estar muerta –literalmente– a usar algo que en la etiqueta muestre dos o tres dígitos.

E s como si al usar ropa pequeña, milagrosamente, los cuerpos se tornaran al tamaño de las piezas. Pues te informo, querida compañera del chilingui, que te estás mintiendo. Todo el mundo sabe que no eres *xx-small*. Y lo peor de todo es que mientras más apretada es la ropa que uses, más gorda te verás. La única opción es utilizar prendas de vestir de tu propio tamaño, ni más, ni menos.

Lo mismo es a la inversa, puesto que hay personas que por esconder sus libras, usan ropa demasiado grande, o capas y capas de tela, logrando verse más gordos de lo que realmente son.

Imagina si funciona que, cuando más libras he tenido, la gente me comenta: "¡Nena, pero qué mucho has rebajado!". El truco no está en los dígitos de tu ropa, sino en lo que te sienta mejor. Tan agudo es el por mí denominado "síndrome del *size*", que el comercio se aprovecha de ello y lo utiliza a su favor. La tendencia a etiquetar con tallas pequeñas prendas cada vez más grandes responde a una estrategia comercial. Te explicaré cómo es que esos bandidos sin corazón juegan con tus sentimientos.

Aun cuando sabes que eres talla 12 (American Standard), por arte de magia en cierta tienda las prendas tamaño 10 te quedan de maravilla, mientras vas a una *boutique* y hasta el 14 es pequeño para ti. De más está decir que la depresión arropa y desde el probador quieres despedirte de este mundo cruel. Sé de personas que encuentran en los probadores una cámara de torturas y lloran sin parar, sintiendo lástima de ellas mismas por no entrar en los tamaños que quieren. Pero nadie quiere estar en el grupo de los *plus*. Esta situación refuerza la visión irreal que una persona con trastornos de la alimentación tiene de su propio cuerpo. Muchas vidas se han troncado precisamente por lo que representa la etiqueta de la ropa. Niñas dejan de comer, mujeres no quieren salir porque no tienen qué ponerse y otras tantas han muerto en el intento de estar "esqueléticamente" bellas.

Al final del siglo pasado se comenzó en Europa la conversación seria de unificar las tallas de vestir en el Viejo Continente. El resultado es la normalización EN 13402. Según se publicó en toda la prensa española, diseñadores y fabricantes de ropa firmaron un acuerdo con el Ministerio de Sanidad en el 2006, con el objetivo de crear una normativa que regule las tallas de las prendas a fin de homogeneizarlas en la Península Ibérica y otros países de Europa. El tratado fue el resultado de las críticas y hasta demandas legales a la industria de la moda por incentivar el *look* de extremadamente delgadas, muertas de hambre. Como parte del acuerdo, también está el que los maniquíes de plástico tengan, al menos, la talla 38 (8 US) y que la talla 46 (16 US) deje de ser considerada talla especial o *plus*, y pase a ser tamaño regular. La falla es que varios países en Latino América tienen sus propios trabajos para la normalización o tipificación de las tallas. Comoquiera, me parece un gran paso y me da esperanza, pues conozco a muchos que compran en las tiendas y se miden sus nuevas adquisiciones en sus casas. Todo por no estar ni un segundo en ese pequeño espacio con espejo llamado probador por algunos, y por otros *panic room*.

Ese truco de los tamaños de las piezas, desde la perspectiva de la psicología industrial, lleva a las clientas a estar mucho más tiempo en la tienda. Probando, mirando, aumentando la probabilidad de comprar más porque por fin encuentran algo que les sirve, y se lo llevarán aunque no les guste. Una experimentada compradora de tiendas de ropa de mujer me dijo una vez que: "las mujeres, en especial las *plus size* o *full figure*, siempre están comprando ropa porque al no sentirse bien con ellas mismas, están en la búsqueda constante de algo que les satisfaga la autoestima".

Justamente, con el mismo fin de generalizar la confusión es que el sistema ha permitido que la gente crea y repita que Marilyn Monroe, en estos días, hubiese sido talla *plus*. La diosa platinada de la era glamurosa de Hollywood era delgada, con una minúscula cintura, aunque existen registros en los cuales demuestran que fue talla 12. Aquella talla no es la misma que la actual, ni refleja el cuerpo de quienes ahora usan ropa con esos dos dígitos. Claramente la figura de Marilyn dejaba a los hombres locos con sus curvas y las mujeres en masas querían imitarla para tratar de crear la misma sensación en el sexo opuesto. Pero la Monroe era flaquita, y hacía lo indecible para mantenerse así. Algunos biógrafos y estudiosos han repasado sus dietas y confirman que nadie podría mantener su sano juicio al comer como ella. Además, hay que tener muy presente que para los años 50, el ideal de belleza constituía en la visión de la mujer con silueta reloj de arena y senos puntiagudos. Por eso, las fajas y la ropa interior especializada para cumplir con lo esperado en aquellos tiempos. Marilyn era voluptuosa, sí. Nunca estuvo sobrepeso. Ciertamente no estaba esquelética, y para aquel momento de nuestra historia resultaba nada atractivo que las mujeres se vieran enfermas. Para dejarlo meridianamente claro, se alega que su subir y bajar de peso (en los años cercanos a su abrupta muerte), se debió a los efectos secundarios de los barbitúricos que ingería diariamente y a los múltiples abortos naturales que sufrió. Definitivamente, este y otros temas, como las teorías de conspiración sobre su tumultuosa vida y misterioso deceso son asunto para otro libro.

Otro punto a discutir es el concepto de "la ropa bonita solo viene en tamaños pequeños". Comprende que las casas de confección multinacionales buscan costo efectividad, por lo que adornan más las piezas pequeñas porque gastan menos material. Pese a que las tallas se crearon para homogeneizar cuerpos tan diversos, los manufactureros se empeñan en etiquetarnos, tal y como lo hacen con la ropa. Por ello es que muchas mujeres de tallas grandes recurren a las costureras, modistos o diseñadores de alta costura, para tener una creación a su medida. Cabe destacar que desde sus inicios, la fabricación en masa y la ropa *ready-to-wear* hace la moda asequible y rentable para las masas. La confección a la medida siempre ha sido asociada con gustos, niveles de vida y presupuestos muy elevados. Por ello no hay por qué sentirse excluido de la sociedad si estás entre las que tienen quién les confeccione a la medida. Sin embargo, hay que ser muy consciente de quién está al servicio de quién.

Un famoso diseñador local y querido amigo me confeccionó un vestido formal para un evento con alfombra roja. Era su primera creación para mí y pidió total libertad creativa para elaborar su diseño. Para mi sorpresa omitió mi única petición: que llevara mangas, ya que NUNCA mostraba mis brazos para visualmente balancear la figura. Molesto por mi gesto de sorpresa ante el traje *strapless,* me dijo: el vestido es hermoso y yo no tengo la culpa de que engordaras de nuevo y tengas los brazos gordos. Si no te gusta el traje, ponte una sábana".

Jamás olvides que los diseñadores, como en cualquier renglón comercial dedicado al servicio, están –valga la redundancia– a tu servicio, no tú al servicio de ellos. Tú no eres su maniquí. Les pagas para que realcen tus atributos, no para tener que acoplarte a sus creaciones. No te sientas mal en solicitar alteraciones, mayores o menores por detalles que te disgustan, siempre y cuando respetes los conocimientos del profesional en cuanto a la estructura, construcción y armonía. Igualmente importante es investigar previo a la contratación. Solicitar fotos y buscar testimoniales de clientes para certificar que el profesional de la moda crea para cuerpos voluptuosos, y no se dedica simplemente a añadirle yardas de tela a diseños para gente con menos proporciones. Me explico: que te hagan un vestido que te sientas tan segura y hermosa como JLo, no que el vestido de JLo lo copien en tu talla.

FELICIDAD
DE CARTELERA

Cuando los turistas llegan a la ciudad de Nueva York (también me incluyo), se toman fotos en uno de los lugares más reconocibles del planeta: Times Square. Quizás muchos desconozcan que esta moderna plaza comenzó como un hermoso campo utilizado para la crianza de caballos y cultivos. Por eso se ganó el nombre de Longacre Square. Luego se desarrolló como un centro de almacenes, espaciosas oficinas (como la del diario *The New York Times*, de la que obtiene su actual nombre) y los primeros rascacielos, acorde con la modernización urbana comenzada en Chicago. Tras varias transformaciones, Times Square se desarrolló como un gran centro cultural y artístico, con museos, teatros y clubes nocturnos. Hoy por hoy, nos deslumbramos por las vidrieras, tiendas y los enormes anuncios iluminados que son los protagonistas de la escena.

Esos mismos anuncios buscan vender ropa, maquillaje, zapatos, carteras, artículos de última necesidad, que para nada son esenciales en nuestra existencia. Por ello, el sistema oculto bajo la temible industria de la moda y su subcultura procura cubrir todas las bases para garantizar ventas. Así que, mediante esa misma publicidad, mercadean estilos de vida, ideales de belleza y de felicidad. Esta peligrosa, vil y cruel práctica la vemos en comerciales de gaseosas, medicamentos que curan una enfermedad y causan otras tantas, etc. Hasta las desaparecidas campañas de cigarrillos que vendían sensación de independencia y virilidad, y ni hablar de los comerciales de alcohol y fragancias que prometen una vida sexual como ninguna.

Tal como el desarrollo de Times Square –de un amplio y hermoso lugar cubierto de naturaleza a un espacio sobrepoblado de imágenes vanas y vacías– nuestra sociedad ha cambiado el camino natural por las referencias artificiales de estilos de vida a emular mediante una venta. Así es como la tan famosa plaza en Nueva York es un fervoroso reflejo de cómo intentamos imitar lo que no existe, lo inventado, lo irreal. Queremos parecernos a esas mujeres y hombres que no son más que superficiales y pasajeros porque realmente son personajes, modelos contratados para lograr un *look*. ¿Por qué no queremos ser quienes somos? ¿Para qué preferimos imitar el engaño? ¿Cuándo fue que dejamos de ser quienes somos y preferimos parecernos a alguien más? De estas preguntas nacen muchas más, y muy profundas.

"¿Para qué preferimos imitar el engaño?
¿Cuándo fue que dejamos de ser quienes somos
y preferimos parecernos a alguien más?".

"La vida es demasiado corta.
¡Sé feliz AHORA!".

BYANKAH SOBÁ

"Sé tú.
¡Atrévete a vestir
como tú!
¡Muestra tu
propio ser!".

BYANKAH SOBÁ

¡A LA MODA AUNQUE ME JO%@!

GABRIELLE BONHEUR, mujer emprendedora, vanguardista y revolucionaria, inmortalizada como Coco Chanel, aseguró que: "Todo lo que es moda pasa de moda, el estilo jamás". Chanel configuró la nueva femineidad, en tiempos de hombres.

Le dio a las mujeres mucho más que una pieza de vestir que determinara las temporadas del año (primavera, verano, otoño e invierno). Desde Francia, una Coco Chanel no bonita (según los estereotipos de la belleza), nutrió el espíritu de la mujer de todo el planeta con libertad, seguridad en sí misma e igualdad ante los hombres. Esas piezas cómodas y ágiles, además de los primeros pantalones para

el supuesto sexo débil, exaltaron la fuerza en el interior de cada mujer en el siglo XX.

La mujer antes de Chanel era atada a los estrictos estándares sociales y reprimida hasta por la moda. La Belle Époque se destacó por el riguroso corsé que empequeñecía cinturas, estómagos y todo lo demás. La mujer después de Chanel es dinámica y reconoce la elegancia en la ropa cómoda y simple. Entonces, no debemos pasar por alto que la misma diseñadora de modas, entre tantas enseñanzas para las mujeres, nos dejó como legado el reconocer que el estilo propio, la esencia de cada mujer, es lo que debe prevalecer en su vida. Que la moda es algo pasajero, una imposición social y económica, ajena a nuestras necesidades. Ella no fue la que dijo: "¡A la moda aunque me jo%@!

Hoy por hoy, en nombre de Chanel y de los grandes de la moda, quienes aportaron al empoderamiento de sus clientas, el *fashion industry* influye en el corazón de quienes miran embelesadas las páginas del *September Issue*, como la biblia moderna que dicta las pautas de una vida modelo según promete el dios supremo: $$$.

Corta con la moda, desvincula tu vida de los supuestos modelos a seguir, que no son más que charadas para saciar tus vicios, quitarte dinero y tu personalidad. Elimina de tu vida la doctrina del 'seguidor' y sé tu propia líder en la moda y en lo que quieras.

EL MEJOR
SEXO
LIBRA POR LIBRA

EN UNA DIVERTIDA NOCHE con
amistades, en cierto establecimiento en Isla Verde,
llegó un *party bus*. Del mismo se bajó un *stripper*,
vestido como vaquerito erótico.

El bailarín se acercó a todas las mujeres que estaban en el lugar, entre ellas yo. Parte del entretenimiento era tomarse una foto con él, antes de que la ruta en el evento privado en el *party bus* continuara. Pues posé para la cámara. Fue cuando se sintió el mega papi y me dijo al oído: "A mí no me gustan las gorditas, pero contigo me atrevo". Mi respuesta relámpago, tan veloz como una bala, fue: "¿Y quién dijo que tú me gustas a mí?". Fue una falta de respeto a todas luces. Desde entonces, el chico se retiró de los bailes a mujeres y se metió a fotógrafo de eventos de moda. Sabrán que me tiene terror y baja la cabeza cuando me ve. Quizás pensó que por gordita, sentiría que su atención era un halago. Que mi sobrepeso no me permitiría ser selectiva en cuanto con quién compartir mi sexualidad.

Al enfocarnos en el sexo opuesto, en temas de sexo, se ve de todo. Desde hombres que no quieren estar con gordas, hombres que les encantan las gordas, gordos que les gustan las flacas, flacas que les gustan los gordos, gordos con gordos, flacos con flacos. Hay de todo en la viña del Señor, puesto que se trata de gustos, afinidades y, en algunas ocasiones, de ciertos intereses. Claro, si habláramos de amor NADA de lo anterior importaría.

Sin embargo, el tema que nos ocupa es simple y llanamente lo más natural entre los humanos y demás animales del planeta: el sexo.

Tengo un muy buen amigo joven, profesional, apuesto y un amante al sexo. Hasta me ha pedido que le presente amigas mías, petición que rechazo, ya que él no es un hombre de relaciones, sino de *sex partners*. Todas modelitos, o al menos, flaquitas y bajas en estatura. Así le gustaban a él, hasta un buen día. No sé cómo, no me ha querido detallar esa parte, conoció a este mujerón que lo volvió loco. Ella es bella. Un rostro tan hermoso como pocos, preciosa cabellera, famosa internacionalmente, inteligente y profesional con doctorado. También es gorda. Y bien gorda. Él se enamoró de su belleza, exterior e interior. Nunca se acostaron. Pasó de todo, menos eso. "Me encanta su conversación, su inteligencia, sus labios...", me decía él al recordar cuando se tomaron de las manos por las calles del Parque Central, en una noche neoyorquina. De hecho, como ella es muy conocida en su país, se aventuraron a viajar para no levantar rumores, al menos eso me dijo. Más adelante, en su confesión, me dejó ver que sus citas románticas y sigilosas tenían una nefasta razón de ser: él no quería que lo vieran con una gorda. No sabía cómo era estar con una gorda. ¿Lo pueden creer? Él se alejó cuando sintió en su corazón algo que no había experimentado en mucho tiempo, algo hermoso. ¿Se imaginan? Estaba enamorado y él se lo perdió. El amor, no tiene peso.

Que las gorditas son complacientes para compensar su poco atractivo físico no es un mito, es la mayor mentira jamás inventada. Algunos por ahí osan decir que les encanta estar con gorditas porque, "al no ser dotadas de un buen cuerpo, van a todas para complacer a su pareja". Nada más lejos de la verdad, puesto que lo mismo podría suceder con una flaca, para quienes resulta también muy injusto. En especial para las flacas feas, quienes en muchos casos son tratadas con frases como: "esa es un coño-carajo", o "a esa se le hace el favor con la almohada tapándole la cara". Esas expresiones machistas, frases, y

> **"Quizás es que carezcas de química con tu pareja, pero tu peso no se traduce en triunfo o desastre en la faena erótica".**

supuestos chistes, no son más que una mofa a las pobres flacas feas. Por cierto, recordarán el famoso *sex tape* de Paris Hilton, la *it girl socialité* de los 2000. Llovieron las críticas, no para el sucio que la grabó, filtró el video y luego realizó copias que puso a la venta. ¡Nooo! Los *haters* le cayeron encima a la heredera del imperio hotelero porque "no se movió en el acto sexual". Algo así como la muy conocida expareja de Sean P. Diddy Combs, a quien –alegadamente– el rapero tiró al medio por frígida.

La verdad es simple y clara: eres bueno o eres malo en la cama. Quizás es que carezcas de química con tu pareja, pero tu peso no se traduce en triunfo o desastre en la faena erótica. Ser un donjuán o una Mata Hari tiene que ver con la confianza en uno mismo, tener iniciativa en la cama y saber seducir. Ser sugestivo, provocador o sexi viene de adentro y nadie se resiste a una persona genuinamente sexi.

Pero cuando hay miedo al rechazo, algunas apagan las luces, otras se dejan el sostén y hay bastantes que ni la ropa se quitan. Incluso, hay una modalidad de tener relaciones como en casetas de campaña: bajo las sábanas. Todo por los complejos de que si tengo un rollito aquí, una estría acá o la celulitis invadió todo el terreno de los muslos. Muchos gorditos, por entender que sus curvas y extragrasa son repulsivas, se cohíben y no evocan deseo sexual en su pareja. También se afectan las flacas.

Varias que conozco me han dicho que no quieren que les observen los pellejos ni los huesos (o la celulitis, ya que no es única de las gordas). Flacas y gordas hacen lo mismo. No se trata de peso, sino de sentirme mal por cómo lucen, una situación que solamente está en sus mentes y no en quienes las miran. Este fenómeno no es exclusivo de las féminas, pues los hombres no son ajenos a tal comportamiento.

Déjame informarte que te estás martirizando demás. La película que llevas en tu cabeza te está haciendo una mala jugada. Duermes con el enemigo, tú eres tu enemigo. Niégale la participación en tu cama a esos pensamientos negativos sobre ti, sobre tu cuerpo, a las presiones sociales. Si tú no te gustas, ¿cómo pretendes gustarle a alguien más? Desconéctate de tu cerebro, el mismo cuerpo te guiará. Lo superficial no importa. El peso no tiene naaaaaaaada que ver.

Las personas que no pueden mover sus extremidades como los parapléjicos, los tetrapléjicos y hasta los que sufren de esclerosis lateral amiotrófica (como es el caso del laureado científico británico, y uno de los genios más sobresalientes de la era moderna, Stephen Hawking), pueden engendrar mediante una sesión de sexo como cualquier otro ser humano. Entonces, ¿me podrían explicar por qué algunos idiotas piensan que los gordos no pueden disfrutar de lo mismo? Obviamente, si se trata de obesidad mórbida, hay que tener un poco de creatividad, pero lo importante en cualquier caso, y talla, es la confianza en ti, la conexión con la pareja y dejarse llevar por la pasión. No importa si tienes barriga cervecera o nalgas que triplicarían las de Kim Kardashian, lo importante es la actitud.

Ya sé que todos queremos vernos lo más apetecibles para el amorío carnal, y que quisiéramos recrear todas las posiciones del Kama Sutra. No obstante, hay maneras de satisfacer y satisfacernos sin complicaciones y de manera cómoda. Reitero que lo más importante es tu sanidad mental, la aceptación de tu propio cuerpo y la seguridad de que eres tan seductora y deseada como cualquier modelo del secreto de Victoria. Si tu cabeza está mal, si sientes que tienes que dar placer, pero no eres digna de recibirlo, porque eres gorda o gordo, todo lo demás se vendrá abajo. Incluyendo la libido de tu pareja.

Conozco personas que se cuestionan el por qué su pareja sexual las encuentra atractivas, si ellas no se perciben como tal. Si eres gordo, tu pareja no tiene que ser atraído por los fetiches de los *big butts* o los senos tipo sandía, o padecer de anastimafilia (excitación sexual con personas obesas) o ser *feeder* (hombres con práctica sexual consentida junto a mujeres con obesidad extrema). Y si es así, pues aprovéchalo. Las parejas y sus gustos son muy diversos, aun cuando existen algunas guías que aplican en cualquier situación. Cada uno es responsable de las variaciones. Lo imprescindible es la comunicación. Habla con tu pareja sexual y dile lo que te gusta, lo que no te gusta y lo que estarías dispuesta (o) a probar. De la misma forma, pregúntale qué le gusta, etc. Es una relación consentida entre adultos, por lo que tienes la libertad de hablarlo sin pudor.

LAS FLACAS MÁS FEAS

SE DICE QUE EN la actualidad ni hay mujeres feas, sino mal arregladas; pero difiero. Sí hay mujeres feas, y muchas de ellas son flacas. Si eres flaca, no lo tomes personal. No es un acoso a las flacas.

Hay muchas flacas preciosas, buenas personas, felices con su entorno y con ellas mismas. Para nada se trata de juzgar y apuntar a los demás, convirtiéndome en lo que critico. Hay muchas mujeres hermosas, con la presión de estar delgadas. Tienen más presión que las gorditas para rebajar. Su meta es mantenerse, y eso no es tarea fácil.

Comoquiera, alguien tenía que decir la verdad. ¡Es que hay mucha flaca fea! ¡Pululan! Las heroínas de las series televisivas, del cinema y las portadas de revistas son todas flacas, y algunas, bien feas. A calzón quitao', declaro a los cuatro vientos que hay mucha flaca fea porque es una realidad. Vamos a ver las cosas como realmente son. Sabes que no es lo mismo ni se escribe igual, ser linda que estar buena (en inglés se le llama *pretty or cute vs hot*). Como tampoco verse bien es lo mismo que ser elegante. Unas pueden crearse una linda imagen, otras nacieron así. Es que algunos asuntos se arreglan con dinero, pero no todos. A grandes rasgos la lindura, la hermosura física de una persona se percibe por la simetría que mantienen sus facciones, la armonía que sostienen sus rasgos entre sí. En la mayoría de los casos, cuando una mujer en sobrepeso u obesa tiene un rostro bello, este destaca al rebajar. Se ve mejor. Al contrario, cuando una mujer delgada (que jura que es bella) engorda, el panorama no siempre es igual. Se deja al descubierto que su supuesta belleza provenía del ideal de la delgadez y que nada tiene que ver con sus genes, su piel, sus ojos, su mirada, su sonrisa, etc.

Es hora de derrumbar ídolos, por lo que imploro no hagan una fogata con mi libro, ni me manden a decapitar por nombrar a ciertas mujeres. Varias han interpretado personajes de ficción que nos enamoraron a tal grado que las catapultamos (¡y me incluyo!) a diosas del Olimpo. Aunque algunos aseguren que ellas –fuera del personaje– son insignificantes con rostros desgraciados. Para muchos, las estrellas de cine o celebridades mencionadas a continuación son como los fantasmas de gas que vemos cada noche en el firmamento. Se les creó una imagen hermosa, pero no existen como el actual ideal de belleza.

Mientras realizaba la investigación para sustentar el argumento, encontré múltiples conteos similares, hasta en la reconocida base de datos IMDb (Internet Movie Database), que casualmente se originó en el 1989 tras un aficionado publicar una discusión sobre actrices atractivas. Pues hoy, la primera lista que encontré fue una publicada en el 2013, que la encabeza mi musa para las flacas feas. De hecho, hasta a mí me asombró la coincidencia, por lo que continué mi búsqueda y la actriz siempre estuvo en los primeros lugares de fealdad:

SARAH JESSICA PARKER

L e han llamado cara de caballo y otras tantas cosas horribles. Verdaderamente no tiene un bello rostro, aunque la seguridad en sí misma parece que es su carta ganadora.

Aparentemente, SJP sabe que no es bella, pero se considera muy sensual. En el 2008, la revista para "caballeros" *Maxim* realizó un sondeo entre sus suscriptores sobre las mujeres vivas menos sexi. Ella fue la número uno. La gran sorpresa fue que se enfureció, colocó un mensaje en las redes sociales en el que admitió estar muy dolida al votarse por ella como la menos sexi. Hasta otorgó entrevistas y cuestionó cómo se le consideraba la menos sexi. Alegó también que el ranquin enfureció a su esposo, ya que se trataba de su juicio como hombre. Mencioné que fue una sorpresa la reacción de la actriz puesto que, a grandes rasgos, parece un tema totalmente superficial. La prensa internacional cubrió el suceso y hubo varias parodias al respecto. En la mayoría de los medios de comunicación se aludía a la diferencia de criterio entre los hombres que leen *Maxim* y las casas publicitarias, las cuales llenaban de millones de dólares la cuenta de SJP, al escogerla para promocionar diversos productos relacionados al campo de la belleza y la moda. En el primero de los casos, se trata de gustos e ideales preconcebidos -tal y como hemos discutido anteriormente. No obstante, para el segundo, no se trata de belleza ni de sexi, sino de mercadeo.

Parker se convirtió en un fenómeno como marca al explotar su papel estelar en la serie televisiva *Sex and the City*. Las féminas televidentes se identificaban con los cuatro personajes del programa, en especial con su protagonista. El concepto del mundo, liderado por mujeres poderosas, con vidas interesantes y libres, en todo aspecto, empoderó a la masa femenina. Ese segmento del mercado es el de mayor peso entre los consumidores. Al utilizar a SJP, las clientas potenciales verán -en su subconsciente- al personaje Carrie Bradshaw, comprando todo lo que ella representa.

"Para ser Carrie, yo tengo un equipo de expertos en estilo pero, yo no soy Carrie. Ni siquiera soy una compradora. Yo no siento que necesite mucha ropa; pero trabajo en una industria en la que la apariencia es todo, y a veces tengo que trabajar arduamente por verme bien".

El tema es profundo e interesante; sin embargo, hay

que retomar el asunto de las flacas feas. ¿Se dan cuenta de que SJP respondió al asunto de que es la menos sexi en la faz de la Tierra –según una revista para hombres– aun cuando evade los millones de comentarios y cientos de páginas web en las que se le catalogan como fea?

Llegamos a la gran enseñanza de la vida. Me llega a la memoria la respuesta del fenecido cantante mexicano Juan Gabriel (cuando se le cuestionó sobre su homosexualidad): "lo que se ve no se pregunta". Pues así, hay cosas que son evidentes, por lo que no hay que insistir sobre ellas ni alarmarse ni señalar. Hay que aceptar, admitir y siempre buscar lo verdaderamente importante. La Parker no será linda o atrayente ante los ojos de muchos, empero cautivó el corazón de dos hombres catalogados como los más guapos, deseados e iconos de sus tiempos: Robert Downey Jr. y Matthew Broderick –su actual esposo y padre de sus hijos. Cuenta con una buena trayectoria tanto en televisión como en teatro y cine. Tiene varias líneas de ropa, accesorios, calzado y fragancias. Personificando a Carrie, y en su carácter personal, tiene el poder para dictar la moda (aunque use piezas que yo nunca me pondría). Mas descarta abusar de su influencia y alienta a todos a vestir como quieran:

"La gente debería vestirse del modo que ellos quieran. Si tú sales por la puerta (de tu casa) sintiéndote bien contigo mismo, eso es lo que cuenta".

Además, se sumó al limitado grupo de mujeres emprendedoras y poderosas que decidieron producir sus proyectos. *Sex and the City* tuvo seis exitosas temporadas y ella produjo cinco (integrando un grupo de productores).

"Todavía quiero ser actriz por contrato, pero también me veo a mí misma como una fuerte productora. Una persona puede tener ambos, y no creo que tengas que ser hombre para hacer eso. Entiendo por qué muchas actrices están produciendo ahora. Entiendo lo seductor que es y lo difícil que es no tener control. Es como si te mantuvieras (comiendo) *kosher* (alimentos que siguen las creencias judías) y luego un día tuviste... ¡tocineta! (excluida en la mencionada religión). Vas a estar como (diciendo), ¡esto es una locura!. ¡No puedo tener (ingerir) cochinillo! ¡Debo tenerlo! O si volaste en clase económica todo el tiempo y luego, un día te subiste en Cathay Pacific First Class, donde hay un apartamento entero en el avión que es tuyo. ¡No podrías regresar a clase económica! ¡Estás arruinado!". [*Vogue* - agosto 2003 - "La chica más ocupada de la ciudad", por STEVEN MEISEL]

A puesto a que sientes confusión. ¿A que pensaste que le tenía odio a las flacas? No voy a insultar a las flacas feas. Lo que te presento es una lista de mujeres que han sido criticadas por su físico y son ejemplo a seguir por sus propios méritos. Mujeres cuyas energías dirigidas a ellas, buenas y malas, las usan a su favor. Estas mujeres no utilizaron belleza para triunfar, usaron mejores armas, las cuales son los atributos deseables en una persona: intelecto, tesón y pasión. Mujeres trabajadoras, enfocadas en hacer realidad sus sueños, a las que no se les ha podido arrebatar el éxito, pese a todos los intentos. Damas que sirven de inspiración a generaciones. Señoras inteligentes que saben que la belleza está en quién eres, en lo que haces y cómo impactas a los demás. Personas más grandes que cualquier simple y llano comentario proveniente de mentes pequeñas, sin trayectoria ni legado. El escogido de estas mujeres demuestra que al derribarse un estigma, el de flaca fea, se tambalea el sistema de vanas creencias que pretenden controlarte para que no despiertes la gran persona que hay en ti.

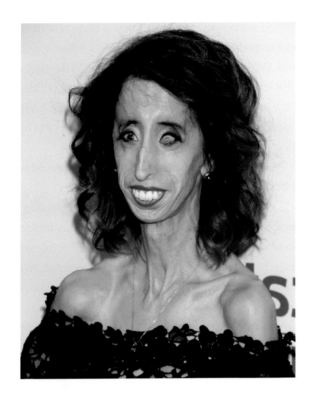

LIZZIE VELASQUEZ

E l abrir una cuenta en *social media* dio paso a un nuevo rumbo en la vida de Lizzie Velasquez, hasta entonces desconocida. La denominada "mujer más fea del mundo" es flaca, muy delgada. Pesa solamente 60 libras. Su delgadez se debe a una afección que le impide crear la grasa que el cuerpo necesita y, entre otras cosas, padece envejecimiento prematuro. Según se informó en el programa noticioso *Primer Impacto*, de Univisión, únicamente hay tres casos similares registrados en todo el mundo.

Al nacer, sus padres recibieron la noticia de que a lo mejor no podía caminar ni hablar. Que iba a necesitar ayuda de por vida. Perdió la vista de un ojo y tiene visión limitada en el otro. En la escuela nadie quería hablar con ella. El *bullying* fue terrible e incomprensible para Lizzie, quien venía de un hogar en el cual sus padres la trataban con amor, respeto y la hacían sentir especial.

"¿Por qué eran tan malos conmigo si yo era amable con ellos? Fue muy duro".

Sus padres y maestros le dieron la confianza que necesitaba. Le enseñaron a sentirse orgullosa y aceptarse como es. No se quería esconder en su casa, quería salir al mundo. En la iglesia encontró amigos y personas que la aceptaron. Al subir fotos a su perfil en Facebook, los insultos no se hicieron esperar. El acoso marcó su adolescencia. Llegó a recibir mensajes tan viles como que debía quitarse la vida por su apariencia. En la mencionada entrevista, dijo sentirse devastada en aquel momento. Sin embargo, evidenciando una madurez asombrosa, indicó que subir las fotos fue un riesgo que quiso tomar. El trago amargo no le impidió seguir conectada a las redes sociales porque, acorde con su padre, son su pasión.

"Tú eliges estar enojada y negativa o ser feliz. Es así de sencillo".

La infante a la que los médicos no daban posibilidades de vida independiente se hizo fuerte por la confianza y amor que su familia le dio. De adulta enfrentó la adversidad, superó las burlas y el maltrato de su adolescencia haciéndose más fuerte. Hoy dicta charlas motivacionales en contra del acoso y ya ha publicado tres libros sobre el tema. Su historia fue inmortalizada con el documental *A Brave Heart: The Lizzie Velasquez Story*.

IRIS APFEL

La empresaria textil, decoradora, y una de las primeras mujeres en usar *jeans*, reconoció públicamente que no es bonita, que nunca será bonita y que ser lindo está sobrevalorado.

"No soy una persona bonita. No me gusta -así que no me siento mal. La mayor parte del mundo no está acorde conmigo, pero no me importa". [Periódico digital inglés *The Independent*, viernes 31 de julio de 2015, por LINDA SHARKEY]

De la misma manera, la icono de la moda y autodenominada "estrella geriátrica" aseguró que "es mejor ser feliz que estar bien vestido". Iris entiende que le gusta a la gente porque es diferente. Precisamente, lo llamativo y atrayente de esta nonagenaria es que es única, no se deja llevar por reglas sociales y no está en la necesidad de la aprobación de otros. Para mí, lo mejor de Iris, además de su seguridad y colección de joyería *vintage* (*to die for!*), es que demuestra que en todas las etapas de la vida se puede emprender, aprender, hacer cosas nuevas e inspirar.

CAMILLA, DUQUESA DE CORNUALLES

Una de las mujeres más odiadas en el mundo, ya que se rumoreaba que era la amante del príncipe Carlos, mientras estaba casado con la muy querida Diana, princesa de Gales. Lo que muchos desconocían entonces es que Camilla estaba primero. ¡Pero mucho antes! Los ingleses expertos en las intrigas de palacio aseguran que el príncipe heredero le propuso matrimonio en dos ocasiones y ella declinó, para después casarse con quien fuera su primer esposo y padre de sus dos hijos, Andrew Parker Bowles. La relación continuó –supuestamente– con Carlos como el tercero, hasta que la Camilla le ayudó a escoger a Diana Spencer como la mejor candidata para los Windsor. No fueron felices los cuatro. Muchos reportes indican la noche antes de la boda real como la peor para Carlos, quien presuntamente lloraba por no casarse con su amada Camilla.

Los escándalos no se hicieron esperar, al punto que se publicaban las citas en secreto, fotos de la pareja real con caras largas y transcripciones de conversaciones en las cuales el hijo de la reina le dijo a Camilla que quería estar "metido entre sus pantalones", por lo que le gustaría convertirse en tampón. La propia "Princesa del Pueblo" asombró al mundo al asegurar que su matrimonio era uno entre tres. Tras el divorcio de Camilla, Carlos dijo adiós legalmente a Diana. Hoy, como en todo cuento de hadas, los viejos amantes se casaron y viven muy felices.

Mi abuela diría que "la suerte de la fea, la bonita la desea". Los biógrafos resaltan que el atractivo de Camilla recae en la seguridad en sí misma, su fuerte risa contagiosa e ingenio para comentarios oportunos y graciosos. Esa mezcla resultó ser un imán para los hombres. Más allá de su popularidad con el sexo opuesto, la también princesa de Gales (título en desuso), es prueba fehaciente (proveniente de fe, no de fea) de que para casarse con un príncipe y tener su amor, no hay que ser bonita. Bueno, aunque los escándalos y rumores sobre la sexualidad del príncipe son la orden del día, al parecer Camilla sí tuvo su amor.

MARY LOUISE "MERYL" STREEP

En el programa de la televisión británica, *The Graham Norton Show*, la laureada actriz Meryl Streep contó que no todas sus audiciones fueron buenas. Explicó que en 1975, el hijo del reconocido productor de cine Dino De Laurentiis, la llevó a conocer a su padre (creador de grandes éxitos taquilleros en Hollywood), tras haber quedado impresionado con su talento en una obra de teatro.

"Fui a su oficina, que estaba en el piso 33 de un enorme edificio, y quedé impresionada con la maravillosa vista de todo Manhattan que tenía a sus espaldas. Ingresé y su hijo estaba muy entusiasmado por haberle llevado a su padre a esta nueva actriz. Pero entonces él le dijo en italiano, sin saber que yo hablaba el idioma: "¡Qué mal! ¿Por qué me has traído a esta cosa fea?". Fue muy aleccionador, porque yo era muy joven", relató Meryl Streep, antes de concluir su historia con sarcasmo".

"Le dije en italiano: 'Discúlpeme, pero entiendo lo que está diciendo y lamento mucho no ser lo suficientemente bella para estar en *KING KONG*".

Se trataba del papel de Dawn, la bella chica en la mano del gorila gigante. Los nombres de Barbra Streisand, Valerie Perrine, Cher y Bo Derek se escuchaban para encarnar el papel. Hasta se probó a la entonces muy joven Melanie Griffith. Finalmente, la modelo Jessica Lange se llevó el papel protagónico, siendo su primera actuación.

"La belleza está en quién
eres, en lo que haces y cómo
impactas a los demás".

BYANKAH SOBÁ

LO PEOR DE QUERER SER FLACA

MUY A PESAR de todo lo antes expuesto, hay quienes quieren ser las flacas y acaparar las miradas de quienes piensan que están enfermas.

Mujeres y hombres se obstinan en simular a los mancebos modelos de revistas, pasando por alto que estos últimos son adolescentes entre 14 y 18 años de edad.

Como es más probable mantener la flaquencia que volver a nacer con otros rasgos físicos, muchos hacen hasta lo indecible para que sus huesos resalten. Como la mayoría busca soluciones rápidas para resolver los disgustos con la báscula, se tornan adictos a las etiquetas que leen: *fat, sugar* y/o *gluten free*. Son los super *trendy* venenos *lite*. Son *free* de todo, menos de elementos tóxicos para la salud, como los edulcorantes artificiales, de los cuales alguno se convierte en una sustancia capaz de tapar las arterias, entre otras calamidades.

Todos saben de las dietas imposibles. Salió una de comer algodón y también escuché algo de una dieta de aire. Los suplementos y las batidas siempre están de moda, aunque una que otra persona muera en el intento a causa de los ingredientes fatales que contienen.

Los más populares son los supresores de apetito. Esas pastillitas mágicas que me calman la ansiedad, aunque me vuelvan un manojo de nervios o una máquina en alta velocidad que quiere acabar con el mundo y los humanos en él (esas las conozco demasiado bien). Lo mejor que tienen es que le provocan amnesia a mi estómago (o a mi cerebro). Si la dosis es correcta, y si tengo los niveles altos en mi cuerpo, hasta logro eludir al temible dios Ek Chuah (deidad maya del cacao). Resulta inverosímil, pero hasta el *xocolatl* (chocolate en idioma azteca náhuatl) me es indiferente.

De ahí hay otros escalones bajunos que se utilizan para reducir libras a costa de la salud, pues sé de varias personas que pasan al lado oscuro de la fuerza y se dejan abrazar por la cocaína –su supresor de apetito predilecto para que la euforia les haga olvidar por completo los reclamos de todos los sistemas que administran sus cuerpos. Esas personas se encuentran regias. Están más delgadas que sus hijas. Más esqueléticas que alguna adolescente, pero con muchísimas más arrugas y pliegues pese al bótox.

Es que este mal abraza la bulimia y/o la anorexia, lo que conlleva –entre otras tantas afecciones nefastas– a la deshidratación, que se refleja en sus pieles pellejudas. Otro peldaño en esta caída libre al infierno es el alcoholismo. No importa la bebida que sea, después de que sea embriagante y las mantenga en *happy hour* y no en *lunch time*.

El acoso por razones de gordura a mi persona y hacia otras tantas figuras públicas, mediante las redes sociales, tiene una razón. La ciencia indica que la violencia es parte natural de la condición humana. Varios librepensadores aseguran que tales instintos de violencia, crueldad y en cierto punto sadismo, responden a otros aspectos antropológicos pero, no son innatos. Sin entrar a filosofar sobre los profundos aspectos del carácter de las personas, ciertamente la historia muestra que tanto a nivel personal como en grupo, hombres y mujeres gustan del trato violento a otros o a sí mismos. De hecho, hasta se justifica la violencia y el dolor.

A los pecadores se les apedreaba, a los adúlteros se les marcaba, a los infieles se les torturaba. Las hogueras, la horca y la guillotina estaban en las plazas de las aldeas, pues eran el espectáculo popular. Todos acudían a escuchar las espeluznantes acusaciones y a ver los agonizantes cuerpos. Los romanos convirtieron a los gladiadores en héroes por los asesinatos públicos que estaban obligados a cometer para el disfrute de las vociferantes masas.

Hoy no es muy diferente. En mi isla decimos que estamos "pelando vivo" o "sacándole los pellejos" a alguien si comentamos en tono de crítica destructiva. Tales frases se derivan de la cruel práctica antigua de desollar o sacar la piel a las personas, ya sean vivas o muertas. En el mismo contexto, es bien usual utilizar la palabra "quemar". Literalmente usamos vocablos alusivos a la tortura y al tormento cuando hablamos mal de los demás. Unos pocos años atrás se pelaba o se quemaba a la gente en los salones de belleza, en los balcones de las residencias o hasta en las entradas de las escuelas, justo después de dejar a los niños para que se eduquen.

Actualmente lo hacemos en las redes sociales. Las mal utilizamos para torturar a los demás, por diversión o aburrimiento.

Edad, estatura, color de piel, tipo de cabello, hasta el tamaño del quinto dedo de los pies o el *outfit* que a alguien disgustó. Siempre hay una razón para burla. Criticamos, pasamos juicio y perturbamos a los demás sin detenernos a pensar que hay una historia detrás de todo. Que hay razones para cada causa, y que no nos compete opinar de todo, sobre todos y lo que se nos antoje. Lo peor es cuando criticamos a alguien porque entendemos que tiene algo que nosotros odiamos de nosotros mismos. Por ejemplo, los feos que le llaman feos a otros feos, los amargados que acusan de amargados a otros amargados y los gordos que critican la gordura de otros gordos. Son quienes se practican alguna cirugía estética y señalan a quienes se ven como ellos antes del cambio; o los que postean mensajes positivos y oraciones diariamente, pero en los chats hablan mal hasta de sus propios padres; y los que fueron muy obesos y tras bajar algunas libras atacan a los gordos, aunque no están flacos sino menos gordos.

¿Por qué hacerles caso? ¿Qué de constructivo traen a mi vida? Realmente no hago caso a los mensajes negativos. La burla afecta a quien la ejecuta, no tienes que recibirla. Simplemente bloqueo a las personas que intentan ofenderme, quizás buscando notoriedad por alguna respuesta pública que esperan. Claro está que en el proceso de verificar notificaciones, y la navegación rutinaria de las redes sociales, se leen algunas de las barrabasadas. Está en mí decidir qué me va a hacer daño y de qué puedo aprender una lección.

Comparto con ustedes que de esos mensajes que buscan herirme he sacado fuerzas para reponerme del único complejo que he tenido por mi físico, desde muy joven: mis brazos. Aun delgada, y con buen cuerpo, tuve brazos anchos. Intentaba disimularlos utilizando la mayor cantidad de ropa con mangas. Sacaba provecho a mi gusto natural por las chaquetas y la vestimenta encubridora. Cualquier cosa, con tal de no mostrar mis amplios molleros. Como entenderán, al participar de programas diarios de TV no siempre podía encontrar ropa con mangas, o ropa con mangas que fuese de mi gusto. Comenzaron los insultos y feas referencias a mis extremidades. Que me debía dar vergüenza, que me los operara, que no los enseñara, me escribían en Facebook e Instagram.

> **"¡Pues no! No tengo de qué avergonzarme ni por qué esconderlos ni operarlos. Hay tantas personas que desearían tener brazos para trabajar, para abrazar, para dar ánimo y amor. ¡Yo los tengo!".**

Tengo como dos muslitos de cualquier flaquita sobre cada antebrazo y ahora los luzco orgullosa porque, al fin entendí, que son parte de la bendición de Dios en mi vida. Que no tienen nada de malo, tienen mucho de bueno.

Estas líneas las escribo con mucho sentimiento, ya que hay personas que han nacido sin extremidades y nos enseñan tanto. Yo aprendí de mi error, de mi ignorancia. Mientras, conozco personas maravillosas que prestan oídos a palabras necias. Hay quien ha expuesto su salud en procedimientos quirúrgicos tras alguna mofa, conozco quien ha escuchado los consejos vanos de algún tonto y ha preferido dañar el esmalte natural de sus dientes para la colocación de las carillas de porcelana, sin necesidad. Algunas no utilizan su color favorito de lápiz labial porque alguien mal intencionado la llamó boca de caballo. ¿Cómo le prestamos atención a comentarios de mentes enfermas y acallamos nuestro propio corazón?

De esta manera es que a diario me encuentro con bastantes mujeres que me atacan, tratando de poner el dedo en la llaga de la gordura. Repito que en especial, por Facebook, Instagram o Twitter, redes sociales que se han convertido en una plataforma idónea para el acoso cibernético, ya que cualquiera puede tirar la piedra y esconder la mano tras un perfil falso que impide que cada cual reciba las consecuencias de sus acciones. O simplemente, es una persona que, desde su casa o teléfono inteligente, derrocha su valioso tiempo en cosas sin importancia y poco inteligentes. Por ejemplo, en una foto publicada tras participar de un programa de televisión sobre la labor filantrópica que realiza un club cívico al que pertenezco, una señora comentó desde su identidad digital en Facebook: "que les cobren IVA por gordas" (IVA: impuesto al valor añadido, cuya implementación estaba en discusión pública en ese entonces). Otro ejemplo: Oscar Solo, un cantante muy popular para la época denominada como la Nueva Ola (1960-1970), felicitó mediante Twitter a la actriz y animadora Adamari López en ocasión de su cumpleaños. Antes de teclear las letras que componían la frase ¡Feliz cumpleaños!, Oscar hizo la siguiente observación: "Estás muy gordita, ponte a rebajar...¡¡¡voy a ti!!!".

En Instagram, una seguidora me escribió el siguiente comentario bajo una foto en la que destacaba mi maquillaje: "Mami, rebaja que cada vez que sales en la TV te ves el doble de gorda... y no son las cámaras". De primera intención algunos pensarían: ¿qué tiene eso de malo? ¡Pues mucho!

Yo soy una adulta muy segura de mí misma. Sin embargo, tolerar ese tipo de acoso, porque a mí no me afecta, permite que se continúe esa práctica hacia otras personas a quienes las burlas e insultos les perturba su sanidad mental.

Los llamados *haters*, como se les ha denominado, no es un grupúsculo de moda necesario para asegurar la fama de un *celebrity*. Simplemente son personas dignas de lástima, que han sufrido mucho y carecen de las herramientas necesarias para sobrellevar sus cargas y encarar sus miedos, sin venganzas ni reproches a la vida. Se sienten tan minúsculos que recurren a la maldad para llamar la atención, aun cuando se consuman internamente.

#INFLUENCERDEQ?
Escoge mejor a quién sigues

In embargo, los odiadores, al igual que los seguidores tienen en común una ceguera colectiva que no les permite pensar con sensatez ni auscultar las bondades del reconocimiento individual. Es como una especie de enfermedad del ganado, en la que todos van hacia un extremo de la cordura. Es por ello que ambos grupos constituyen la valiosa congregación de *followers* que adoran o critican a quienes saben cómo capitalizar su reconocimiento en las redes sociales: *influencers.*

El término *influencers* se adjudica a una criatura de los expertos en mercadeo. Los ejecutivos de la publicidad no tienen que crear una manada de seguidores, quienes aceptarán sin chistar todo tipo de sugestión que propicie ventas, pues los rebaños ya están pastando en alguna cuenta en las plataformas cibernéticas. Únicamente hay que sugerir los productos o servicios y *voilà.*

No se debe confundir con la palabra influyente, la cual implica poder y autoridad. Por sus proezas, hay personas que resultan influyentes para crear revoluciones, acabar conflictos, son precursores de cambios. Contrario a los *influencers* del *marketing*, muchos de los influyentes son personas en el anonimato, cuyas vidas pueden estar en peligro por las causas que defienden. La respetada revista *Time* incluyó a Jeanette Vizguerra, mexicana indocumentada en Estados Unidos de Norte América, activista por los derechos de sus pares, quien estuvo asilada en una iglesia en Denver, Colorado, como una de las 100 personas más influyentes de la actualidad. Mark Zuckerberg y Julian Assange también fueron incluidos en la lista de influyentes. Uno por el arraigo y cambios en las comunicaciones interpersonales mediante su plataforma social y el otro por filtrar documentos secretos del gobierno estadounidense, Facebook y WikiLeaks –respectivamente. Por su reconocimiento como cantante popular, Alicia Keys fue una *influencer*, pues gozaba de una masa de seguidores que absorbían todo lo que ella representara. Un buen día, la hermosa afroamericana dejó a todos asombrados al aparecer en un espectáculo de medio tiempo del fútbol americano (de las transmisiones televisadas más vistas en Estados Unidos), sin una gota de maquillaje. Es que poco antes, dejó una carta abierta en el portal feminista Lenny, en la cual explica por qué y cómo tomó la decisión de estar al natural.

"Empecé, más que nunca, a parecer un camaleón. Nunca era yo misma del todo y estaba cambiando constantemente para que los demás me aceptaran. Antes de comenzar mi nuevo álbum comencé a escribir una lista de cosas que me ponían enferma. Y una de ellas era cómo se lava el cerebro de las mujeres para creer que necesitamos estar delgadas, sexis, deseables o perfectas. Una de las muchas cosas de las que estaba harta era de ser juzgada constantemente por otras mujeres. Me di cuenta durante ese proceso que había escrito un montón de canciones sobre máscaras llenas de metáforas", escribió la cantante de R&B y soul. Su extensa carta y posteriores apariciones sin maquillaje, dieron pie al movimiento #nomakeup, el cual la hicieron trascender a una persona influyente, en especial entre tantas jóvenes con la fiebre de seguir *influencers* del maquillaje en las redes sociales, en un proceso que no les ayuda a definir quiénes son ni reconocerse.

¡QUÉ LINDO SOY, QUÉ BUENO ESTOY, CÓMO ME GUSTO!

La cultura de una gran cantidad DE GIMNASIOS

Por alguna razón que no entiendo, soy media casamentera. Me encanta presentar gente y pensar que se enamorarán y estarán juntos hasta que la muerte los separe (también soy bien cursi). Después de tantos intentos fallidos, hasta de amigos de mi marido con mamás de mis amigas, me dio con presentar a estos dos allegados a mí, que no se conocían entre sí. Mi primer *matchmaker* gay. ¡Se imaginan! Estaba eufórica, pues sabía que esta vez sí se me iba a dar. *Positive and focus!* Ambos superbuenas personas, extremadamente guapísimos –pero bien guapos– y profesionales de primera. ¡Al fin me iba a apuntar una!

El primero estaba a punto de cumplir una década considerándose viudo y yo me tomé muy en serio la responsabilidad (que no me corresponde) de sacarlo de su tristeza y llevarlo de la mano a una cita a ciegas con este rorro que llevaba soltero hacía mucho. Realmente estaba casado con su trabajo y con sus hermosos perros. Pues, ¡manos a la obra!. Verifiqué el terreno con el viudo, porque a mi entender era el de mayor renuencia para establecer una nueva relación, o al menos pensar en tener un *date* (que conste que fui amiga del difunto). Le mostré las fotos del otro en Facebook. Le gustó y mucho. *Yes!* Le conté lo serio, responsable y maravilloso que era este otro, quien prefería estar solo que mal acompañado. Le encantó. *Woohoo!*

El próximo paso era escribirle al *workaholic* al *inbox.* Comencé bien *sweet,* pues en esto de las citas no se puede demostrar desesperación (ni que fuese yo la que iba a salir con él). Le reiteré que lo quería mucho (para que abriera su corazón), y rapidito le conté que estaba con un gran amigo que CA SU AL MENTE vio su foto y le gustaría conocerlo muy CA SU AL MENTE, en algún momento no muy lejano. Terminé la nota con el enlace del perfil del prospecto. Estaba que me comía las uñas de los nervios en espera de la notificación del *messenger.* "Vas a ver qué rápido me contesta", le dije al viudo. Pasaron los minutos, que parecían horas y nada. Le expliqué al que aguardaba por la respuesta, que mi amigo trabajaba mucho. Que de seguro estaba montado en un avión. Nada pasó.

Cabizbaja y en congoja le volví a escribir. No podía entender qué pasó. Siempre lo escuchaba quejarse de su mala fortuna a la hora del romance. Yo sabía que estar solo le dolía. Redacté unas líneas disculpándome por mi atrevimiento y por ser tan presentá. Jamás quise ofenderlo de alguna manera. Ese mensaje me lo respondió asegurándome que no estaba para aventurarse con nadie y que no quería conocer gente, y mucho menos de ese modo. Que ha tenido demasiadas malas experiencias. Entendí que necesitaba sanar.

Lo llamé y hablamos. Tenía problemas. Sentía

incertidumbre con su trabajo, ya que las situaciones económicas también afectaron la empresa a la que dedicó toda su vida. "Espera un momentito, que estoy recibiendo una *pizza*", interrumpió. En la espera, escuché que pidió la extra grande, especial, con todas las carnes que existen en el planeta. "Me ha dado por comer nena. Estoy de *pizza* y un vinito", confesó. Al segundo pasa a que ya no va ni al *gym* porque está tan gooorrrdooo. "Fulano, no entiendo. ¿Que no vas al *gym* porque engordaste? ¿No es por eso que la gente va a los gimnasios? ¿Gordos para ponerse en forma?", cuestioné espantada. "No nena, así de gordo no se va a los gimnasios", explicó. Demás está decir que en mi cabeza pasé juicio y fabriqué mil escenarios. Tras tanto juzgar al viudo –por el apego al recuerdo del fallecido– ahora era el otro quien me parecía tener una adhesión malsana hacia algo mucho más dañino: el qué dirán.

Muchas personas con una autoestima maltrecha caen en las garras de los gimnasios, que se alimentan de ello. En esos espacios de hedonismo, donde se exaltan los cuerpos y el físico, en los cuales sus socios parecen susurrar frente al espejo: "¡qué lindo soy, qué bueno estoy, cómo me gusto!. Los que sienten rechazo por cómo lucen, caen en un ciclo en el cual se refugian en la comida, engordan, no quieren ir al *gym* para que no los vean gordos y se aíslan, afectando su sanidad emocional. Esto último es lo más peligroso, ya que no permiten la llegada de ayuda ni amor.

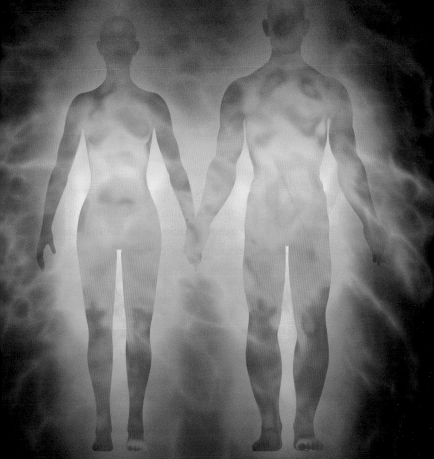

"Mi cuerpo me encanta,
lo respeto, y sé que
es una bendición".

BYANKAH SOBÁ

NO SEAS TU PROPIO VICTIMARIO

Verdaderamente es saludable reírse de uno mismo. Pero, ¿hasta qué punto? Hay quienes son los primeros en hacer bromas pesadas y se burlan de sí.

¿Con qué moral entonces pretendemos que otros nos respeten, si somos los primeros en irrespetar nuestro ser?

Recuerdo que en mi proceso de introspección y sanación emocional mediante el perdón, por todo el daño que me intentó hacer Antulio "Kobbo" Santarrosa –detrás de su personaje televisivo La Comay– recordé que yo fui quien le di las primeras armas en mi contra.

Era el año 2003, estaba en *El Show de las 12*, de Telemundo, el mismo espacio que él dejó para irse a WAPA-TV a su programa *SuperXclusivo*. No lo conocía personalmente, ni siquiera lo había entrevistado para las revistas *TeVe Guía* o *Vea*. Sin embargo, llamé su atención cuando tuve información que desmentía asuntos sobre un chisme de farándula, de poca monta, que él presentó. Yo tenía mi pequeño segmento a mediodía y él, su programa a las 6:00 p.m. No podía desacreditarme, pues no tenía evidencias en mi contra, así que comenzó a hablar de mi físico en tono burlón. Nunca entendí el por qué de su acción.

Era como si estuviésemos jugando ajedrez y, de repente, él creara una figura de animal con un globo, como hacen los payasos en las fiestas de niños. Decidí llamarle a su oficina. Me respondió inmediatamente, muy jovial. Me felicitó por las presentaciones a las noticias en el programa y se rió al preguntarme si había visto las "bromitas" que hizo al aire sobre mí. Me indicó orgulloso que era una excusa para hablar de mí y darme 'pauta' (fama). Yo haciéndome la más *cool*, le dije –también entre risas– que grabara mis segmentos para evidenciar que me vestía siempre de negro para disimular la gordura. Pues eso hizo. Tal cual. Hasta el día de hoy, tengo *haters* en las redes que utilizan el mismo argumento que yo solita le di a Kobbo, y que él utilizó para fastidiarme.

No hay por qué ser el preludio a nuestra tortura. Si algo te molesta de ti mismo, decide trabajarlo contigo y para ti o con algún profesional, si es el caso. Andar por el mundo lanzándose piedras para que los demás crean que el golpe no te duele, es como una autoflagelación pública para intentar expulsar tus propios complejos. Es un horrible proceso en el cual te conviertes en tu verdugo. Lo peor de todo es que, si no te detienes a tiempo, llega el momento en que te transformas de víctima a victimario de otros iguales a ti. Los gordos odian a los gordos, los feos a otros feos, los pillos hablan mal de los ladrones, y los burros se ríen de los orejones.

IGUALDAD

Reconozco que puedo encontrar detractores de mi análisis, a quienes no les conmuevan las historias presentadas (incluyendo la mía) y que lo aquí expuesto les resulte algo vano. Para ellos, mis respetos a su opinión. Lo que nadie puede pasar por alto es que se le violen los derechos no a miles, sino a millones de personas por su peso corporal. En cuanto a seguridad, empleos, calidad de vida, y la garantía de acceso a servicios médico-hospitalarios, entre otros aspectos que redundan en la dignidad humana.

Existen tantos casos nefastos de falta de sensibilidad, ignorancia, apatía ante las necesidades ajenas, pero sobre todo carencia de equidad cuando se trata de la protección de los derechos humanos de las personas obesas. Como televidente, pude ser testigo de cómo un consumidor se quejaba ante la cámara de un noticiario de que el propietario del concesionario de autos en el que compró su vehículo estaba renuente en honrar la garantía. Según manifestó el consumidor, en el local le dijeron que: "el auto se averió por mi peso, y que por tal razón, no estaban obligados a arreglar el problema".

Como amiga, tuve que consolar a una mujer a quien ni sus médicos, ni su plan de salud le presentaban opciones para poder ser operada por fibromas en su matriz (una afección que sufrí en mi propia piel). Todo porque en su país no había una instalación hospitalaria con sala de operaciones, equipada apropiadamente para atender personas obesas, tal como era su caso. ¿Qué hizo? Pues tuvo que rebajar, practicarse un procedimiento bariátrico, aguantar los peores dolores del mundo, esperar mientras se seguía dañando su útero, y cuando llegó al peso que el hospital podía manejar pues, le removieron los fibromas. ¿Que por qué no viajó a un país en el que la pudieran operar? Porque no contaba con los recursos económicos para ello. Los casos anteriores son únicamente ejemplos de la cruel realidad que viven las personas obesas, que van más allá del acoso, las burlas y las supuestas vanidades de la ropa o el *dating*. Hay mucho más.

Acorde con la revista *Rolling Stone* (en un reportaje de JASON NEWMAN, publicado el 2 de septiembre de 2014), la cantante Martha Wash es: "...muy probablemente la cantante desconocida más famosa de los años noventa". Al día de hoy, muchos desconocen que es la voz de los éxitos "Gonna Make You Sweat", de C+C Music Factory, y "Everybody Everybody", de Black Box, ya que en los videos musicales se utilizaron a delgadas modelos que doblaron la canción con sincronización labial (*lip sync*). Wash es una hermosa *full figured* afroamericana con una potente voz muy característica.

La entrevista destaca cómo la voz detrás de éxitos musicales como "It's Raining Men" y "Strike It Up", de ser víctima de *bullying*, es una pionera en la industria (musical). Wash demandó a los productores musicales de ambas agrupaciones, llegando a un arreglo que incluía un contrato discográfico como solista. Lo más importante que trasciende, para el beneficio de otros, es que Wash se convirtió en un eje accidental para los derechos de los artistas. Después de que la cantante encausó varias demandas contra los productores y sellos discográficos para el crédito adecuado y compensación, fue creada una legislación federal por lo que el crédito vocal es obligatorio para todos los álbumes y videos musicales.

Ahora que alardeamos de vivir en una sociedad

pluralista, en un mundo globalizado, nos enfrentamos a que las aerolíneas pretendan cobrar extra a personas sobrepeso, como si sus libras se trataran de equipaje adicional o un capricho de llevar maleta de mano.

La discusión sobre el aumento o doble tarifa para los gordos se puso caliente en septiembre del 2016, cuando un abogado italiano demandó a la aerolínea Emirates, por sentarlo al lado de una persona obesa, razón por su incomodidad en un vuelo de nueve horas desde su país hasta Dubái. El mundo se enteró de la molestia de Giorgio Destro tras él publicar un *selfie* con cara de suplicio al lado de un brazo carnoso que invadió parte de su asiento. Su reclamo fue de $3,000 por el alegado daño. Según él, tuvo que aguantar el "derrame" de fluidos de la persona con peso diferente al suyo.

Acorde con BBC Mundo (16 de diciembre del 2016), "al principio los asientos de los aviones eran 'talla única': funcionaban para casi todos los pasajeros. Hoy, esos asientos –de entre 42 y 46 centímetros de ancho– son cualquier cosa menos aptos para todo tipo de persona. American Airlines, en el 2015, anunció que se añadirían más asientos en dos de sus modelos de avión más populares, el Boeing 737 y el MD-80. Claramente, la consecuencia es menos espacio para los viajeros, y más dinero para la compañía que lleva años con problemas económicos y con sus trabajadores. ¿Y la gente qué? ¿Y los derechos del viajero, del consumidor, de los humanos? Por un lado, hay que entender que ni los asientos, ni los espacios en los aviones pueden satisfacer las necesidades específicas de cada cuerpo, ya que todo el mundo (flaco, gordo, alto, bajo, etc.), cuenta con dimensiones distintas, muy diversas. De otra parte, el negocio de las compañías no puede representar penalidades a un grupo.

UN NUEVO SER

● Aprendiste algo de *HAY MUCHA FLACA FEA*? Al menos yo sí. El proceso de investigación para la redacción de este libro me convirtió en otra persona. Conocí muchos como yo, que han sufrido como yo, y otros tantos que han sufrido mucho más que yo. Me regalaron sus historias y en la marcha, sus lágrimas secaron. Son tantos los que sienten y padecen, gracias a los ataques a su dignidad como seres humanos (lo que realmente significa el acoso), que se han creado comunidades de apoyo.

Uno de esos magníficos grupos que hasta ahora desconocía es la Asociación Nacional para Avanzar en la Aceptación de la Gordura (NAAFA, por sus siglas en inglés), fundada en 1969. Según reza en su portal cibernético, es una organización sin fines de lucro, de derechos civiles, dedicada a proteger los derechos y a mejorar la calidad de vida de las personas obesas. Trabajan para eliminar la discriminación basada en el tamaño del cuerpo y proporcionar a las personas gordas con las herramientas para el autoempoderamiento a través de la promoción, educación pública, legislación y apoyo.

Lamentablemente, hay quienes tratan de perjudicar el trabajo de organizaciones como la NAAFA, echando por el piso las particularidades y situaciones que cada cual enfrenta al momento de decidir bajar de peso. La aceptación de sí mismo la llaman resignación o conformismo. He visto reportajes publicados en medios periodísticos que creía serios –dada su trayectoria– en los cuales se mancilla la necesidad de atender las razones por las cuales se padece de obesidad. Historias que se basan únicamente en las consecuencias. Supuestos testimoniales aluden a que es mejor ser flaca fea que gorda bella con padecimientos serios de salud. Se citan estudios científicos en los que denominan a las personas obesas como vagos, descuidados con la salud, con desdén al físico y no hablan de las frustraciones, problemas genéticos, hormonales, etc. Ni mucho menos de las tantas personas con obesidad que están sanas, sin complicación médica alguna.

He podido profundizar en el sistema que nos gobierna, más allá de los gobiernos. Por ello, soy empática y repudio la apatía. Me amo cada día más. Y amo a mis semejantes. A todos. Veo la belleza en todo lo que me rodea. En todo. Todo y todos somos necesarios para el gran balance de energías que llamamos vida.

Mi cuerpo me encanta, lo respeto, y sé que es una bendición. No tengo que permitir que alguien me levante la falda, como a la gorda del barrio de Arjona, pero no renegaré de mí misma. Ni siquiera a la hora de tomar fotos. No meteré la barriga, no le pediré a quien tenga la cámara que procure que me vea flaca ni que obvie los chichos. No me escandalizaré al ver a alguien que subió de peso, aunque famoso. Ni pensaré que quien rebajó fue por sufrimiento o alguna enfermedad mortal. Nunca espiaré lo que comen los demás para sacar cuentas de calorías ajenas, o sacaré en cara los dulces o grasas que ingieren otros. Me despreocupará perder la línea, pues amo mis curvas.

"No me molestaré si me dicen gorda. Si es verdad, o si lo considero mentira, no tengo por qué molestarme. Estoy al tanto de que la palabra GORDO no es un insulto".

Lo importante es que estoy convencida de que el peso no determina quién soy. Primero buscaré mi bienestar emocional, y después el físico. Seré solidaria, empática y respetaré a todos como a mí misma.

"Ámate,
para que puedas
amar a otros,
y protégete de
los enemigos,
en especial
de ti mismo".

BYANKAH SOBÁ

DECRETO

TÚ, que estás leyendo ahora, interioriza que no hay nada malo en ti. Y como no lo hay, quienes te quieren hacer sentir mal, utilizan lo que a ellos les molesta de ellos mismos para hacerte sentir menos, pues es la única forma en que se sienten mejor, por encima de ti.

Todo es una ilusión. Todo es un tipo de holograma para el que estamos programados. Tu verdadero ser, tu YO, utiliza el cuerpo de piel, huesos y órganos como una especie de computadora biológica para funcionar. Es como si estuvieras jugando con estos programas computarizados, para lo que cada cualidad humana tiene un código y depende de ello para la identificación de las características de la gente. Así es la vida en sociedad, independientemente de la geografía, cultura, y la etnia a la cual pertenezcas.

TÚ eres quien tiene la potestad para cambiar o eliminar el valor que le das a si eres gordo, flaco, bajito, alto, orejón, narizón, corpulento, velludo, calvo, feo o bonito. Nada de eso importa. El cuerpo físico es solamente el traje, la vestidura sin costura que utilizamos para tomar los cursos que llamamos vida, en la escuela que denominamos planeta Tierra. Así debemos reconocer que las divisiones son autoimpuestas, somos quienes las creamos y quienes las seguimos. En realidad eres, únicamente, una conciencia superior. En ti está la clave de lo que te molesta y lo que no. De lo que te afecta y lo que no te toca ni un cabello.

Amor infinito es la única verdad, todo lo demás es ilusión. Hace mucho tiempo llegaba a la oficina donde trabajaba diciendo en voz alta "Yo soy la alegría", "Llegó la luz, el sol de esta oficina". Esa fue una de las mejores épocas de mi vida. Pero, ¿qué hubiese sido de mí si mis frases favoritas hubiesen sido: "¿por qué a mí?"; "yo no merezco esto"; "¡qué mal me va!"; "¡...es que estoy tan gorda!" o "aquí llegó la más fea de las gordas".

Jamás te voy a indicar qué hacer, puesto que tú eres el dueño o dueña de tus actos. Pero, sincérate y responde si eres de los que se ve reflejado o reflejada en alguno de esos programas de televisión, en que se aprovechan de todos los problemas y traumas de los participantes, con la excusa de que les "ayudarán a bajar de peso dramáticamente". Si es así, me parece que te preocupan otros aspectos de tu vida, más allá que tu peso. Porque por capturar audiencia, los productores de esos programas procuran explotar personas con serios problemas familiares, de autoestima y hasta enfermedades mentales.

De ahí es que muchos podrán rebajar, tener el físico como querían, pero seguirán sintiéndose miserables y sus luchas emocionales persistirán. Por ejemplo, los que padecen de anorexia y/o bulimia pueden llegar a ser delgados, pero tienen un mal concepto de ellos mismos, pues la raíz de su situación no tiene que ver con su peso, sino con su psiquis. Por eso es que debes cambiar tu actitud y darte cuenta de que el drama que vives es creado únicamente por ti, y no eres Bridget Jones. Así que, revisa los libretos para que ahora seas la bella protagonista amada por todos. No permitas que otros te obliguen a interpretar el rol de víctima, el de la gordita acomplejada y sufrida. ¡Ojo! No estás obligada a explicar tu gordura, a justificarla ante nadie. Tú tienes tu historia, y punto.

Ámate, para que puedas amar a otros, y protégete de los enemigos, en especial de ti mismo.

Este pacto es un decreto positivo, como un regalo de amor de ti para ti. Es una afirmación que puedes hacer cuando gustes y con quien quieras. Lo importante es que siempre tengas un tiempo para amarte profundamente, sin condiciones.

YO _____ ME AMO.
Yo soy la grandeza de
la creación en mí.
Yo soy la perfección de
Dios en la Tierra.

Yo soy compasión y bondad,
con todos y conmigo.
Yo soy feliz, en agradecimiento a
la vida por cada oportunidad,
toda lección y las nueva etapas.
Yo soy el constante cambio del universo,
siempre en orden divino.
Yo soy como soy, me acepto como soy
y soy quien quiero ser.

¡Así será, así es ya!
¡Gracias Padre
porque ya está hecho!

"No quiero ser
una flaca fea,
ni una gorda bella.
Solamente pretendo
ser yo misma.
¡Nadie más!".

BYANKAH SOBÁ

Continuará...